Martin Lipka ● Kapellen und mehr: Kokkaris Kulturerbe

Kokkari ist berühmt für sein Naturerbe – für das Meer, die Strände, die Hügel und den Wald (soweit er die verheerenden Brände überlebt hat). Doch es gibt auch ein reiches kulturelles Erbe, das manchmal übersehen wird, aber nicht weniger wertvoll ist.

Eine Warnung ergeht vorweg: Die zugrunde liegende Definition von „Kulturerbe" ist sehr umfassend. Alle Arten menschlicher Aktivität, die die ursprünglichen natürlichen Gegebenheiten verändert haben, kommen in Betracht.

Die auffallendsten Zeugen des religiösen Erbes sind Kokkaris Kirchen und Kapellen, insgesamt 26 an der Zahl. Daneben gibt es ein weltliches Erbe, vielleicht weniger spektakulär, aber eng verwoben mit der Vergangenheit und Gegenwart des Dorfes. Es wird nach der Kapellenrunde behandelt.

In einigen Fällen müssen die Erläuterungen auf die Ortsgeschichte zurückgreifen. Daher wird zunächst ein Blick auf Kokkaris Vergangenheit geboten, die ihrerseits ja auch ein Teil des Kulturerbes ist.

Der Autor wurde 1945 geboren,
ist Englisch- und Geschichtslehrer im Ruhestand
und lebt in Westfalen.
Er ist auch der Verfasser der Wanderkarte
„Kokkari Walks".
Gratis-Download:
www.lipka-online.de > Kokkari (Samos)

Kapellen und mehr :

Kokkaris Kulturerbe

Martin Lipka

Dritte, verbesserte Auflage

Bibliografische Information der Deutschen Nationalbibliothek:

Die Deutsche Nationalbibliothek verzeichnet diese Publikation in der Deutschen Nationalbibliografie.

Detaillierte bibliografische Daten sind im Internet abrufbar über http://dnb.d-nb.de

An English version is available:
"Chapels and more: Kokkari's Cultural Heritage"
ISBN-13: 9783738618211

Herstellung und Verlag:

BoD - Books on Demand, Norderstedt

© 2016 by Martin Lipka.

ISBN-13: 9783738625929

Inhalt

Gewidmet

Μάνος † και Ελευθερία Αμυρσώνης

Vorwort

Nach manchem in vollen Zügen genossenen Urlaub auf Samos ging ich bei der Zusammenstellung dieses kleinen Buches (und auch der Wanderkarte „Kokkari Walks") von zwei Beweggründen aus: erstens von dem Wunsch, Kokkari und den Kokkariern etwas zurückzugeben; und zweitens von dem Gedanken, andere Touristen auf die unbeachteten Schätze des Dorfes und seiner unmittelbaren Umgebung aufmerksam zu machen.

Ich kann nicht beanspruchen, ein erfahrener Spezialist für griechische Studien zu sein. Im Gegenteil, meine griechischen Sprachkenntnisse sind recht kümmerlich, was sich besonders einschränkend bemerkbar macht, wenn es um die Erforschung der Ortsgeschichte geht. Dennoch hoffe ich, dass das Buch sich eine wohlwollende Aufnahme verdient.

Das Fehlen farbiger Illustrationen ist Absicht: Die Grundidee des Projekts ist, die Leser zu ermutigen, an

Ort und Stelle selbst zu schauen – alle Sehenswürdigkeiten liegen, vom Dorf aus gesehen, innerhalb eines Halbkreises von 5 Kilometern, also selten mehr als anderthalb Wegstunden entfernt.

Eine englische Ausgabe des Buches liegt ebenfalls vor. Die Aussicht, eine griechische Version zu erstellen, hängt davon ab, ob jemand gefunden werden kann, der oder die bereit ist, sich an die Aufgabe der Übersetzung zu begeben.

Ob irgendwann als Gegenstück ein reiner Bildband veröffentlicht werden kann, ist zur Zeit nicht absehbar.

Inzwischen bitte ich etwaige Irrtümer oder Fehler, die ich hier zu verantworten habe, zu entschuldigen. Wer eine Richtigstellung oder eine Ergänzung beitragen kann, ist freundlich eingeladen, sich an die folgende Adresse zu wenden:

$$\underline{\text{sitemail} \lceil \alpha\tau \rfloor \text{lipmax.de}}$$

March 2016
Martin Lipka

Ein Rückblick auf Kokkaris Geschichte

Vom Weltraum aus gesehen ähnelt das Gebiet von Kokkari nicht etwa der kleinen roten Zwiebel, von welcher der Name des Dorfes abgeleitet wird (▷ S. 141). Es sieht eher aus wie eine Jakobsmuschel: Vom Zentrum an der gut geschützten Bucht ziehen sich die Täler strahlenförmig in die Hügel hinaus; jedes birgt eine eigene alte Nachbarschaft – namentlich *Mána*, *Aiogdítes* (oder *Agiodítes*, ▷ S. 108), *Giánnides*, *Karás*, *Lagáda*, *Lemós* und *Vígles*. Zusammen bilden sie ein Wassereinzugsgebiet, das von zwei Bächen entwässert wird, *Mána* im Westen und *Tholoréma* im Osten, sowie von einigen namenlosen, zeitweilig trockenen Rinnsalen aus den Tälern dazwischen. Am Fuß der Hügel hat deren Wasser vier kleine Ebenen geschaffen und davor den *Kámbos*, das frühere Sumpfgebiet bis zum Langen Strand hin, das heute drainiert ist, um die Ausbreitung des Dorfes zu erleichtern. Die zerklüftete Küstenlinie weiter westlich und östlich öffnet sich gelegentlich zu einer Bucht mit einem abgelegenen Strand.

Die lokale Geschichte dieser etwa 20 Quadratkilometer ist eingebettet in die Regionalgeschichte von Samos als einer ägäischen Insel und in die allgemeine Geschichte

11

Griechenlands. Man darf nicht vergessen, dass Kokkari unter den Dörfern der Insel nie besondere Aufmerksamkeit genoss, zumindest nicht vor dem Aufkommen des Tourismus in den letzten Jahrzehnten.

Darum ist Kokkaris Vergangenheit weniger gründlich erforscht worden als die mancher anderer Ecken von Samos; dennoch gibt es einige verlässliche historische Quellen, dazu die Auskünfte von heutigen Kokkariern.

Altertum und Mittelalter

Das Gebiet von Kokkari war schon in der Bronzezeit bewohnt (um 2000 v. Chr.), wenn nicht noch früher, und erst recht während des griechischen und römischen Altertums. Dies wird bezeugt durch das Asklepeios-Heiligtum an der *Mána*-Quelle (um 500 v. Chr.; ▷ S. 41), aber auch durch andere archäologische Fundstücke. Allerdings sind keine systematischen Ausgrabungen erfolgt wie etwa jene an der Südküste.

Ob es damals eine Siedlung am Ort des heutigen Dorfzentrums gab, ist nicht bekannt. Wahrscheinlich zogen jene frühen bäuerlichen Bewohner die Sicherheit im Schutz der Hügel einer Ansiedlung an der Küste vor, denn das Ägäische Meer war von jeher von Piratenüberfällen bedroht. Andererseits könnte die Bucht einigen Fischern als Stützpunkt gedient haben.

Die islamische Expansion in der Mitte des 7. Jh. n. Chr. machte das Mittelmeer zur Grenze zwischen christlichen und muslimischen Ländern. Immer häufiger verwüsteten Piraten und Marodeure von beiden Seiten die Küsten. Fliehburgen wie *Kástro Louloudás* (▷ S. 145) wurden wieder genutzt, um die Sicherheit der verstreuten Siedlungen zu verbessern.

Byzantinischer Adler

Als das Byzantinische Reich seine Verteidigung neu organisierte, wurde ein *théma* (Militär- und Verwaltungsdistrikt) nach Samos benannt. Als Marinebezirk, der die größeren ostägäischen Inseln und die angrenzende Festlandsküste umfasste, stellte er Schiffe und Besatzungen für die byzantinische Kriegsflotte. Im Jahre 911 belief sich dieser Beitrag auf 22 Kriegsschiffe, 3980 Ruderer und 600 Marinesoldaten.

Nach dem Zusammenbruch der Seldschuken-Sultanate um 1300 bildeten sich im westlichen Anatolien mehrere muslimische Fürstentümer heraus, die den Islam bis an die Küste der Ägäis trugen, einschließlich der Halbinsel *Mykáli*, in Sichtweite von Samos! Die östliche Ägäis war mehr denn je eine gefährliche Region, obwohl das Meer noch von christlichen Mächten dominiert wurde, nacheinander Byzanz, Venedig und schließlich Genua.

Die Eroberung Konstantinopels durch das Osmanische Reich im Jahre 1453 schuf eine grundlegend neue Situation.

Samos war seit mehreren Jahrzehnten von den Giustiniani beherrscht worden, einem genuesischen Handelshaus. In den 1470er Jahren zogen die Giustiniani sich auf ihre Hauptniederlassung in *Chíos* zurück und drängten die einheimischen Samioten, dort ebenfalls Zuflucht zu suchen. Über die nächsten 90 Jahre blieb die Insel ein Niemandsland, obwohl sie seit 1502 von Stambul beansprucht wurde. Die wenigen verbliebenen Einwohner wären in den Küstenstreifen völlig schutz-

13

los gewesen, deshalb verhielten sie sich still in ihren verborgenen Wohnstätten im Hügel- und Bergland. Kein Wunder also, dass Samos in jenen Jahrzehnten als unbewohnt galt.

Die osmanische Herrschaft

Um die Mitte des 16. Jahrhunderts wurde eine systematische Wiederbesiedlung eingeleitet, nunmehr unter türkischer Herrschaft, und zwar durch den osmanischen Seeoffizier *Uluj Ali*. Er war ein italienischer Pirat aus Kalabrien, der zum Islam übergetreten war.

Vielleicht hatte er bei der Rückkehr von einem Raubzug im westlichen Mittelmeer erstmals ein Auge auf Samos geworfen. Einige Quellen sagen, er sei von der Schönheit und Fruchtbarkeit der Insel beeindruckt gewesen. Aber er mag sich noch mehr für ihre Eignung als Marinestützpunkt interessiert haben angesichts der strategischen Lage an der Route vom Bosporus zur Levante und nach Ägypten. Möglicherweise war er auch auf die Eignung zum Schiffbau aufmerksam geworden. Noch heute gilt das Holz der schwarzen Samos-Kiefer als erstklassiges Material im Bootsbau, wie die Werkstätten in *Drakéi* beweisen.

Tughra
(„Unterschrift")
Suleimans des
Prächtigen

Jedenfalls hatte ihm schon 1550 Sultan Suleiman der Prächtige die Verwaltung von Samos übertragen wegen seiner herausragenden Leistungen im Seekrieg. Anders gesagt: Kapitän

Uluj Ali wurde mit der Aufgabe betraut, das Potenzial der Insel zu entwickeln.

Das Projekt kam erst ab 1562 so recht in Schwung. Die Organisation übernahm der frühere Steuermann des Kapitäns, ein Grieche namens *Nikólaos Sarakínis*, der nicht weit von der Südküste seinen befestigten Amtssitz anlegte – den *Sarakínis*-Turm zwischen *Iréo* and *Mýli*. Die Wahl des Standortes lässt übrigens vermuten, dass das Augenmerk damals auf die Südseite von Samos gerichtet war, während die raue Nordküste, abgesehen von *Vathí* and *Karlóvassi*, wenig einladend erschien. –

An dieser Stelle ist ein Exkurs zum Kloster *Panagía i Vrondianí* (kurz: *Moní Vrondá*) angebracht, denn dessen Gründung 1566 durch die Mönche *Iákovos* und *Makários* muss zweifellos im Zusammenhang mit der Wiederbesiedlung gesehen werden.

Eine lokale Überlieferung behauptet, zum Zeitpunkt des Baubeginns sei das Gebiet des heutigen *Vourliótes* unbewohnt gewesen. Daher seien die Mönche angewiesen gewesen auf die Hilfe aus den angrenzenden Nachbarschaften Kokkaris (wahrscheinlich *Giánnides* und *Aiogdítes*; zum letzteren ▷ S. 108). Dies würde bedeuten, dass die Siedlungen bereits in den 1560er Jahren existierten; ja sie könnten, auch wenn es keine historischen Belege hierfür gibt, aus dem Mittelalter überdauert haben. Später, solange diese Nachbarschaften keine eigene Kirche oder Kapelle hatten, diente *Moní Vrondá* offenbar als Ersatz. Der heutige Fußpfad aufwärts könnte Zeuge eines *monopáti* sein, den Kirchgänger über Jahrhunderte gebahnt haben.

Erst im späten 18. Jh. ließ die Kapelle *Profítis Ilías* in *Aiogdítes* (▷ S. 105) eine gemeinsame Identität mehrerer

Nachbarschaften erwachsen; ob bereits ein *pápas* ansässig war, ist zweifelhaft.

Im Laufe der Zeit hatte *Moní Vrondá* auch Landbesitz im Gebiet von Kokkari erworben. Später wurden die Pfarrkirchen – erst *Panaítsa* und dann St. Nikolaus – anscheinend auf dem Grundbesitz des Klosters erbaut, wie auch mindestens zwei Kapellen, *Ioánnis Pródromos* und *Pandeleímonas*. –

Zurück zu Kapitän *Uluj Ali*: 1572/73 war er zum Admiral der Osmanischen Kriegsflotte unter dem Titel *Kiliç Ali Pascha* ernannt worden. Er ersuchte den Sultan, ihm die Insel als persönlichen Besitz zu übertragen. Auf diese Weise stellte er sein Siedlungsprojekt unter allerhöchste Protektion und sicherte ihm gleichzeitig ein beträchtliches Maß an Autonomie. Jedem Siedler wurde Land zur Bewirtschaftung zugeteilt, und auf sieben Jahre wurden ihm alle Steuern erlassen. Samos als Ganzes wurde von dem *dekáti* (Zehnt) befreit gegen eine pauschale jährliche Zahlung von 45 000 Piastern. Die Schenkung des Sultans enthielt die Bestimmung, dass als einziger Muslim der Kommandant die Insel betreten dürfe. Eine kuriose Klausel verfügte, dass dieser Beamte auf ein bestimmtes Gebiet der Insel beschränkt sein sollte, und wann immer er den Boden von Samos verlasse, solle er seine Schuhe auszuziehen, damit er kein einziges Staubkorn forttrage.

Die Einwanderer kamen sowohl vom griechischen und kleinasiatischen Festland als auch von anderen ägäischen Inseln, einschließlich der Nachkommen jener Samioten, die hundert Jahre zuvor nach *Chíos* geflohen waren. Sie alle wurden angezogen von den großzügigen Privilegien; ein besonders willkommenes Zugeständnis war das Verbot muslimischer Ansiedlung. Die religiöse Einheitlichkeit erleichterte es der Orthodoxen Kirche, den christlichen Glauben zu sichern, was indirekt auch dem kulturellen und sozialen Zusammenhalt der Bevölkerung zugute kam.

Eine Anzahl der neuen Samioten war von *Mytilíni* auf der Insel *Lésvos* im Norden gekommen. Sie landeten dort, wo heute das eigentliche Dorf Kokkari liegt. Aus Sicherheitserwägungen siedelten sie nicht hier, sondern zogen weiter nach Süden über die Hügelkette und gründeten dort das Dorf *Mytilinií* („die Mytilinier"). Sie hielten jedoch einen kleinen Außenposten an der Nordküste als Hafen aufrecht.

Und so wurde im Jahre 1601 (oder 1610?) in einer osmanischen Quelle erstmalig ein Ort namens *Kokar* oder eine Person namens *Kokar* erwähnt (▷ S. 141). Eine Generation später, 1637, wurden in der Siedlung nicht weniger als acht steuerpflichtige Personen registriert; es mögen also ebenso viele Familien gewesen sein, insgesamt zwischen 30 und 40 Personen. Dabei liegt auf der Hand, dass diese Zahlen sich nur auf den Küstenposten beziehen, ohne die Bevölkerung der ländlichen Nachbarschaften.

Im Laufe der Zeit verlor für die Dörfler von *Mytilinií* die Verbindung nach *Lésvos* ihre Bedeutung, und *Kokar* alias *Kokkari* wurde zeitweilig aufgegeben. Trotzdem blieb das Gebiet noch lange, nämlich bis zur Mitte des 19. Jh., ein Teil des Territoriums von *Mytilinií*. –

Im Testament des 1587 verstorbenen *Kiliç Ali Pascha* war die Insel einer von ihm gegründeten Moschee in Stambul als *vakif* (religiöses Gut) vermacht worden. Dies führte zu einem stärkeren osmanischen Einfluss und einer allmählichen Aushöhlung der Privilegien, was wiederum Unwillen unter der Bevölkerung erregte.

Trotz solcher Schwachpunkte im halbautonomen Status der Insel zog sie weiterhin Einwanderer an, und es entwickelte sich so etwas wie eine politische Struktur. Um die Mitte des 18. Jh. funktionierte diese folgendermaßen: Der *voevod* (ein Würdenträger des Osmanischen Reiches) stand an der Spitze der Verwaltung, unterstützt vom *kadi* (Richter), vom Ortsbischof und von vier Notabeln, je einem von jedem der vier Bezirke: *Vathí*, *Chóra*, *Karlóvassi*, *Marathokámbos*. Diese Notabeln wurden für ein Jahr von den Vertretern der Dörfer gewählt – mit anderen Worten von den wohlhabenden landbesitzenden Familien. Die wichtigste Aufgabe der Verwaltung bestand in der Einziehung der Steuer entsprechend dem Dekret von 1572.

In der zweiten Hälfte des 18. Jh. erfuhr Samos einen wirtschaftlichen Aufschwung, nicht zuletzt wegen seiner Handelsverbindungen überall im Mittelmeer, was natürlich die Entwicklung der Küstenorte begünstigte.

Auch Kokkaris Ruinen wurden wieder besiedelt. Die Neu-Kokkarier, von der geschützten Bucht angezogen, kamen entweder von ihren Wohnstätten im Inneren herab oder auf dem Seewege von anderen Inseln. Der

Standort der ersten *Panagía*-Kirche (▷ S. 50) markierte zusammen mit der bescheidenen, 25 Meter entfernten *Platía* das Zentrum des Dorfes, das sich bald entwickelte und ausdehnte, auf der einen Seite den Hügel hinauf, auf der anderen über den Bach hinweg, der in die Bucht mündet.

Während des Fünften Russisch-Türkischen Krieges (1771-1774) wurde Samos von der Baltischen Flotte unter Admiral Alexei Orlov besetzt. Für Russland eröffnete der Friedenvertrag den Weg zum Nordufer des Schwarzen Meeres und zur Annexion der Krim einige Jahr später. Die Rolle des Zaren als Schutzherr der orthodoxen Christen im Osmanischen Reich war nun vom Sultan offiziell anerkannt. Aber die Hoffnungen, Samos könnte von der türkischen Herrschaft befreit werden, wurden enttäuscht.

In den folgenden Jahrzehnten schlossen sich samiotische Intellektuelle und Geschäftsleute zu einer fortschrittlichen Bewegung zusammen, die von westlichen Ideen inspiriert war, insbesondere von der Französischen Revolution. Sie nannten sich die *Karmanióli* – „La Carmagnole" war ein populäres Lied des revolutionären Frankreich. Unter ihrem Anführer *Likoúrgos Logothétis* bewirkten sie zeitweilig eine Liberalisierung der Finanz- und Wirtschaftspolitik der Insel (1807-1812), was den Küstensiedlungen gute Aussichten eröffnete.

In Kokkari wurde 1819 die *Panaítsa*-Dorfkirche erbaut (▷ S. 53), die die erste *Panagía* als Pfarrkirche ersetzte. Der neue Standort lässt eine Verschiebung der Entwicklung des Dorfes auf das rechte Ufer des Baches erkennen.

Es ist eine interessante Frage, ob diese auffallende Unterteilung verschiedene Lebensweisen widerspiegelt: die Fischer am Fuß des Dorfhügels am gut geschützten *Limáni*, die Händler in der Ebene, die Familien mit Landwirtschaft im Hinterland?

Ein verblichenes Straßenschild gegenüber dem nordöstlichen Tor zum Vorplatz der *Panaítsa* lautet *ΟΔΟΣ ΨΑΡΩΝ*. Nicht, wie man meinen könnte, „Fisch-Straße", sondern, wie Ortsvorsteher *George Pérris* zu berichten weiß, die Wohngegend von Zuwanderern, die vor Generationen aus dem Dorf *Psará* an der Südspitze von Chios gekommen waren.

Diese Gasse, so schmal sie auch scheint, war ein Teil der alten Durchfahrt durch Kokkari. Von Südosten kommend, also von *Vathí*, führte die Trasse am Südwesthang des *Tepé*-Hügels entlang und senkte sich dann zum Bach hin. Nach rechts und dann wieder nach links rechtwinklig abbiegend, querte sie den Bach bei der heutigen Fußgängerbrücke. Dann stieß sie von Südwesten auf die *Plátia* und setzte sich in nordwestlicher Richtung fort, am Fuß des Hügels entlang. 20 Meter bevor sie auf die Küstenlinie stieß, knickte sie scharf nach links ab, um dem Langen Strand zu folgen.

Man darf nicht vergessen, dass diese Trasse ursprünglich gar nicht als Straße oder wenigstens als Fahrweg ausgelegt war. Anfangs war sie höchstwahrscheinlich nur ein Maultierpfad. Aber sie wurde zu Kokkaris Verkehrsachse, bevor um 1900 die Hauptstraße als Tangente am Dorf vorbei eröffnet wurde. Bestätigt wird dies durch den Standort der Dorfkirche von 1819, mit der Schule gleich nebenan (▷ S. 53, ▷ S. 125).

Im Jahre 1828, als Samos schon eine Bevölkerung von 27 125 zählte, war die Küstensiedlung noch ein winziges Dorf mit gerade mal 77 Einwohnern und einer Mehrheit von 46 männlichen Personen gegenüber 31 weiblichen. Aber im Laufe des Jahrhunderts sollte Kokkari ein stetiges Wachstum erfahren.

Die Hegemonie (Fürstentum) von Samos

Im Jahre 1821 beteiligten sich die Samioten sehr aktiv am griechischen Freiheitskampf. Sie errangen Erfolge zu Lande und zur See und stellten in *Logothétis* einen Anführer von nationalem Ruhm. Aber die Vertreibung der türkischen Garnison von der Insel war nur von kurzer Dauer.

In dem so genannten Londoner Protokoll von 1832 verkündeten Großbritannien, Frankreich und Russland ihre endgültige Entscheidung, dass die Inseln der östlichen Ägäis beim Osmanischen Reich bleiben sollten. Es gab jedoch eine spezielle Klausel, die verlangte, dass Samos im Gegensatz zu den anderen Inseln einen Sonderstatus erhalten solle als autonomes „Fürstentum von Samos". Die Hohe Pforte, d.h. die osmanische Regierung, setzte dies folgendermaßen um:

Der Hegemon oder Fürst, vom Sultan ernannt, musste ein griechisch sprechender orthodoxer Christ sein. Eine pauschale Steuer von 400 000 Piastern sollte jährlich an die Hohe Pforte entrichtet werden. Und es war Muslimen weiterhin verboten, sich auf der Insel anzusiedeln – ein Aspekt, der die Anziehungskraft von Samos in den Augen etwaiger griechischer Einwanderer erklärt. In mancher Hinsicht war dies alles ein Widerhall der Privilegien, die 1572 dem *Kiliç Ali Pascha* gewährt worden waren.

Obwohl die Insel also nicht dem griechischen Vaterland angeschlossen war, befand sie sich eigentlich in einer günstigen Position, ihre ökonomischen Vorteile zu nutzen, nicht nur in der Landwirtschaft (Wein, Olivenöl, Tabak, Leder), sondern auch im Handel, zumal die Autonomie bedeutete, dass die samiotischen Häfen einige Merkmale eines Freihafens trugen. Dennoch erlebte Samos in den folgenden Jahrzehnten viel innere Unruhe: Die Kriegsanstrengungen der Insel hatten eine Wirtschaftskrise nach sich gezogen, verbunden mit weit verbreiteter Armut und Bandenkriminalität.

Darüber hinaus vertiefte sich die Spaltung im politisch aktiven Teil der Bevölkerung zwischen jenen, die ihren Vorteil in der unterwürfigen Zusammenarbeit mit dem ersten Hegemon *Stéphanos Vogorídis* sahen, und jenen, deren Hoffnung auf die Union mit Griechenland bitter enttäuscht worden war. Für *Vogorídis* war dies eine willkommene Gelegenheit, eine harte autoritäre Herrschaft aufzurichten und den Bewohnern zusätzliches Geld abzupressen.

Erst 1849 führte eine lokale Revolution zu seinem Sturz. Unter dem neuen Hegemon, *Aléxandros Kallimáchis*, wurde 1850 ein konstitutionelles System eingeführt, das die Trennung der gesetzgebenden, ausführenden und richterlichen Gewalt vorsah.

Was nach den Maßstäben des mittleren 19. Jahrhunderts als gemäßigt fortschrittliches System erscheint, muss im Zusammenhang mit den halb-feudalen sozialen Verhältnissen der Insel gesehen werden. Der vorherrschende Einfluss der reichen Landbesitzer und der erfolgreichen Großhändler blieb unumstritten; insbesondere die Pächter und Tagelöhner hatten keine andere Wahl, als sich an die politische Linie ihres Patrons zu halten. Im Hintergrund war im Falle eines Aufruhrs die osmanische Garnison zur Hand, die seit 1850 auf der Insel stationiert war.

Kallimáchis, der neue Hegemon, förderte auch sonst die Entwicklung der Insel, indem er die Einrichtung von Schulen und Gerichten sowie einer Druckerei in die Wege leitete. Die Frage, ob damals auch Kokkaris Schule gegründet worden ist, hat sich nicht eindeutig klären lassen.

Alles in allem besteht kein Zweifel, dass Kokkari am allmählichen Fortschritt der Insel teilnahm. Ein wichtiges Signal war um 1860 die Trennung von *Mytilinií* und die Erhebung zu einer eigenen Gemeinde – einem *dímos* („Stadt") gemäß den Begriffen der Hegemonie. Dies bedeutete, dass Kokkari berechtigt war, seinen eigenen Abgeordneten zum Samiotischen Parlament zu wählen.

Und doch bestand weiterhin eine letzte Erinnerung an die Verbindung zu *Mytilinií*: Noch im Samos-Jahrbuch von 1899 wurde Kokkari gemeinsam mit dem Nachbardorf unter der Statistik des Bezirks *Chóra* verbucht. Die kuriose Konsequenz war, dass die neue Gemeinde das Gebiet des Bezirks *Vathí* entlang der Nordküste unterbrach und die Dörfer weiter westlich um das Nachtigallental zur Exklave machte.

An dieser Stelle scheint ein Seitenblick auf die Rolle der Nachbarschaften im Umfeld von Kokkari erforderlich. Vor der Kommunalreform und manchmal auch noch später war ihre Zuordnung zum eigentlichen Dorf nicht klar geregelt. Darum dürften sich zumindest die Bevölkerungszahlen vor 1860 allein auf die Siedlung an der Küste beziehen.

Ein gutes Beispiel ist *Aiogdítes* (▷ S. 108). Das Samos-Jahrbuch von 1875 beschreibt es noch als einen zu *Vourliótes* gehörigen Weiler. Leider sind die Bevölkerungsstatistiken unterhalb der Gemeindeebene bruchstückhaft, sodass eine Unstimmigkeit wohl unbemerkt hätte durchgehen können. –

Vielleicht gehörte die neue Gemeinde Kokkari zu den Initiatoren einer Stiftung zugunsten des Hegemons *Miltíadis Aristárchis* in den frühen 1860er Jahren. Das Samiotische Parlament ehrte den Fürsten durch die Schenkung einer großen Fläche fruchtbaren Landes in Kokkaris *Kámbos*. Diese freundliche Geste hinderte die Inselbewohner freilich nicht daran, ihn einige Jahre später durch eine Revolte zu stürzen.

Das Grundstück, ungefähr 18 000 Quadratmeter oder zwei Fußballfelder groß, ist seitdem unter dem Namen *Aristárchis* bekannt. Nachdem es durch mehrere Hände gegangen war, wurde es schließlich von der Familie *Elissavítis* an die Gemeinde verkauft. Heute schneidet die Umgehungsstraße mitten hindurch. Der Sportplatz und der neue medizinische Außenposten markieren die südliche Hälfte des ursprünglichen Grundstücks.

Der lokale Fußballklub trägt stolz den Namen *Aristárchos* in dem verwitterten Schild an der Wand seines Vereinstreffs an der Hauptstraße, etwa 100 m östlich der Pfarrkirche. Doch Vorsicht! Der zottelhaarige Schutzpatron als Emblem stellt nicht etwa den Hegemon *Aristárchis* dar, sondern den altehrwürdigen, fast gleichnamigen Astronomen Aristarchos von Samos

(3. Jh. v. Chr.)! Und Kokkaris Fußball-helden spielen heute ohnehin auf einem Platz in Samos-Stadt. –

In der zweiten Hälfte des 19. Jh. lebten die Kokkarier weiterhin hauptsächlich von Landwirtschaft und Fischfang. Der örtliche Landbau muss recht vielseitig gewesen sein, dank dem fruchtbaren Flachland und den sonnengetränkten Hängen ringsum. Die Olivenhaine erinnern noch heute daran, dass sie manch einer Generation ein genügsames Leben ermöglicht haben.

In der Volkszählung von 1864 war Kokkari noch unter den 3404 Einwohnern in der Rubrik *Mytilinií* inbegriffen (Samos insgesamt: 33 998). Aber im Lichte der Zahlen von 1875 kann es keinen Zweifel daran geben, dass das Dorf an der allgemeinen Entwicklung der Hegemonie teilnahm. Die Bevölkerungsstatistiken von 1875 bis 1899 enthalten gesonderte Angaben für Kokkari mit einem Wachstum von 67 % innerhalb eines Vierteljahrhunderts (von 654 auf 1092; Samos insgesamt: von 34 141 auf 52 775, also 54 %).

Im Vorübergehen darf hier erwähnt werden, dass 1876 der Brunnen nahe der *Platía* (▷ S. 128) als wohl erste öffentliche Versorgungseinrichtung installiert wurde.

Wappen der Hegemonie:
Löwenkopf, Stier und Pfau
(Briefmarke 1878)

Aus mittel- oder westeuropäischer Sicht mag das Fürstentum von Samos ein recht exotischer Fleck gewesen sein. Aber seine führenden Politiker blickten nicht ohne Stolz auf den Sonderstatus ihrer Insel. Man entwickelte nicht nur einen eigenen Postdienst, sondern pflegte sogar konsularische Beziehungen zu den größeren europäischen Mächten.

Im Jahre 1898 hielt sich Paul Lindau, ein deutscher Intellektueller, einige Tage auf Samos auf. In seinem Reisebericht kommentierte er etwas herablassend den „Operettenstaat" der Hegemonie und die Person des Hegemons selbst. Er behauptete, es gebe nur eine einzige Pferdekutsche auf der Insel, was, wie er anfügte, kein Wunder sei, denn es gebe ohnehin keine Straßen.

Und doch war es eben dieser Fürst, *Stéphanos Mousoúros* (1896-1899), unter dessen Regierung der Bau mehrerer Überlandstraßen zur Verbindung der Hauptorte unternommen wurde, darunter die Trasse zwischen *Vathí* und *Karlóvassi* entlang der Nordküste. Die erste Landstraße auf Samos von *Vathí* nach *Mytilinií* war schon unter dem Onkel des Hegemons, *Pávlos Mousoúros*, um 1870 angelegt worden. Trotz solcher Anstrengungen blieb das landgestützte Verkehrsnetz allerdings unzureichend, und nachlässige Unterhaltung war ein dauernder Anlass für Beschwerden der Fuhrunternehmer.

26

Jedenfalls erhielt so auch Kokkari kurz vor 1900 seinen ersten „modernen" Verkehrsanschluss, nämlich die Hauptstraße. Die Trasse wurde so geplant, dass sie über fast 500 Meter in gerader Linie am Dorfkern vorbei führte. Als einige Jahre später der Bauplatz für die heutige Pfarrkirche ausgesucht wurde (▷ S. 57), orientierte man sich an der kurzen Querverbindung zwischen dem nordwestlichen Ausgang der *Platía* und der Hauptstraße: St. Nikolaus erhielt eine dominante Position auf der gegenüberliegenden Seite. Die Entscheidung für dieses ehrgeiziges Bauprojekt spiegelt den stetigen Fortschritt wider, den Kokkari während der letzten Jahrzehnte des 19. Jh. erlebt hatte. –

1904 wurde Samos von einem starken Erdbeben erschüttert; vier Personen starben, 540 Häuser wurden zerstört. Es ist nicht gelungen herauszufinden, inwieweit auch Kokkari betroffen war. –

Obwohl die zweite Hälfte des 19. Jahrhunderts insgesamt weniger chaotisch verlief als die Jahrzehnte zuvor, entluden sich doch von Zeit zu Zeit innere Gegensätze und Feindschaften sowie die dauernden Reibungen mit der osmanischen Oberherrschaft und ihren lokalen Unterstützern in Aufruhr und Attentaten.

Das 20. Jahrhundert

Während des ersten Jahrzehnts des neuen Jahrhunderts verschärften sich die Spannungen zwischen den pro-griechischen und den pro-autonomen (= pro-osmanischen) Parteien. Der feurigste Fürsprecher der Union mit Griechenland war *Themistoklís Sofoúlis*, ein Archäologe aus Samos, der zum Politiker geworden war.

Im Mai 1908 holte *Andréas Kopásis*, ein Hegemon mit harter Hand, reguläres türkisches Militär auf die Insel. In dem Aufruhr, der losbrach, kamen mehrere Samioten ums Leben. Und in Kokkari wurden die Bauarbeiten an der neuen Pfarrkirche, die 1902 begonnen worden waren, für die nächsten 25 Jahre unterbrochen (▷ S. 57).

Nach dem Rückschlag 1908 blieb das politische Klima explosiv. Als 1912 eine Koalition von Griechenland, Serbien, Bulgarien und Montenegro im Ersten Balkankrieg das Osmanische Reich angriff, kehrte *Sofoúlis* aus dem Exil zurück und erklärte die Vereinigung von Samos mit dem Mutterland. Später wurde er als Anführer einer Mitte-Links-Partei ein Politiker von nationaler Bedeutung bis zu seinem Tode im Jahre 1949.

1913/14 hatte Kokkari der griechischen Volkszählung zufolge 1514 Einwohner. Die Bevölkerungsverteilung hatte sich im Laufe des 19. Jh. zugunsten des Dorfes geändert; die Nachbarschaften im Schutz der Hügel verloren zusehends ihre Attraktivität als Wohnstätten.

Ungewollt hatte die Integration in das Königreich Griechenland die wirtschaftlichen Verbindungen der Insel zu der Westküste Kleinasiens geschwächt. Dies wurde schmerzhaft spürbar im Ersten Weltkrieg und den Jahren danach.

Königliches Wappen
1863 – 1924:
„Meine Macht ist
die Liebe des Volkes"

Das Problem wurde noch verschärft, als die unüberlegte griechische Invasion Westanatoliens 1922 zusammenbrach. Der ewige Widerstreit zwischen Griechen und Türken entlud sich in offenem Hass. Samos war einer der ersten Orte, die die Flut der Flüchtlinge vom asiatischen Festland erlebten. Der Zensus von 1928 meldete für Kokkari 1536 Einwohner, bis heute die größte Zahl überhaupt (nach nur 1385 im Jahre 1920). Allerdings zogen die meisten Flüchtlinge weiter zum griechischen Festland, und selbst unter den einheimischen Samioten nahm die Auswanderung zu, insbesondere während der großen Depression in den 1930er Jahren.

So war es denn 1933 eine wagemutige Entscheidung, die Arbeiten an St. Nikolaus wieder aufzunehmen. Und doch konnte der Bau, wenn er auch noch nicht ganz vollendet war, fünf Jahre später tatsächlich als Kokkaris Pfarrkirche in Betrieb genommen werden.

Andererseits verlangsamten die regionalen Wirtschaftsprobleme zusammen mit der politischen Instabilität Griechenlands die Entwicklung der Insel. Die weltweite Wirtschaftskrise hatte die Dinge noch schwieriger gemacht. Die *EOSS* (Weingenossenschaft von Samos, 1934 gegründet) war ein Versuch, die Probleme zu lindern. Aus heutiger Sicht betrachten manche Winzer die Genossenschaft allerdings als ein Hemmnis.

Im Jahre 1940 war Griechenland eine Diktatur unter *Ioánnis Metaxás*, dessen Regime sich am Muster des italienischen Faschismus orientierte. Dennoch wies *Metaxás*, als Italien mit einer Invasion drohte, das Ultimatum zurück. Dies ist der Ursprung des Επέτειος του OXI („Jahrestag des Ochi", auch als „Nein!"-Tag bekannt). Er wird jedes Jahr überall in Griechenland gefeiert, natürlich auch in Kokkari, und zwar am 28. Oktober. – Dieses trotzige „Nein!" markiert den Eintritt des Landes, wenn auch gegen seinen Willen, in den Zweiten Weltkrieg.

Der italienische Angriff wurde zurückgeworfen, aber der deutsche Balkan-Feldzug im April 1941 zwang Griechenland zur Kapitulation. Samos wurde der italienischen Besatzung unterstellt. Einige kleine Befestigungsanlagen an Kokkaris Küste (▷ S. 148) gehen möglicherweise auf die Jahre des Zweiten Weltkrieges zurück.

Auf der Insel führten wie auch anderswo in Griechenland örtliche Untergrundgruppen einen Partisanenkrieg gegen die Besatzer. Als Vergeltung für einen Überfall des Widerstands ermordeten am 30. August 1943 italienische Truppen 27 männliche Einwohner von *Kastanía*, einem kleinen Dorf südlich von *Karlóvassi*. Unter den Opfern war ein Junge von 15 Jahren.

Das Blatt schien sich zu wenden, als Italien im September 1943 kapitulierte und die alliierten Streitkräfte die Situation auszunutzen versuchten, indem sie in die östliche Ägäis hineinstießen. Eine griechische Spezialeinheit, *Ierós Lóchos* genannt („Heilige Schar", nach einer thebanischen Elitetruppe im 4. Jh. v. Chr.), landete auf Samos in der Nacht vom 30. auf den 31. Oktober. Die Truppe war von der britischen Armee in Ägypten aus exilierten griechischen Offizieren gebildet worden war. Die Kommandos sprangen zum Teil mit dem Fallschirm über der *Vlamáris*-Ebene ab, andere kamen in Fischerbooten. Beim Kloster *Zoodóchos Pigí* östlich von Samos-Stadt erinnert ein Denkmal an dies Ereignis.

Die Befreiung war jedoch nur von kurzer Dauer. Die alliierte Offensive war schlecht vorbereitet gewesen und brach bald unter dem deutschen Gegenstoß zusammen. Samos wurde in der Nacht vom 19. auf den 20. November aufgegeben. Zwei Tage später landeten die deutschen Sturmtruppen (▷ S. 153, „Nachtrag"). Anschließend wurde die Besatzung von Einheiten der Wehrmacht aufrechterhalten, die hauptsächlich aus Soldaten der „Ostmark", d.h. Österreichern, bestanden.

Zehn Monate später, im September 1944, bot der überhastete deutsche Rückzug vom griechischen Festland und von den meisten Inseln eine bessere Chance. Deutschen Quellen zufolge wurden die Besatzungstruppen vollzählig von Samos abgezogen. Aber es ist nicht auszuschließen, dass einige Nachzügler blieben, die sich entweder dem örtlichen Widerstand ergaben oder der „Heiligen Schar", die am 4. Oktober wieder landete.

Die deutschen und italienischen Besatzer hatten Griechenland so ausgebeutet, wie sie nur eben konnten; zurück blieb eine Nation in Armut. Angemessene Entschädigungen für die Verluste an Menschen oder für die materiellen Schäden sind nie gezahlt worden.

Die Nachkriegszeit verschlimmerte Griechenlands Lage noch mehr. Von 1946 bis 1949 zerriss ein Bürgerkrieg die Nation. Die linksgerichtete *DSE* (Demokratische

Armee von Griechenland) kämpfte gegen die Armee der rechtsgerichteten Regierung. Die *DSE* – als Fortsetzung einer Widerstands-Miliz, die den Guerillakrieg gegen die deutsche Besatzung geführt hatte – wurde von den kommunistischen Nachbarn Jugoslawien, Albanien und Bulgarien unterstützt. Die rechte Nationale Regierung hatte die Unterstützung Großbritanniens und der USA. Für den Ministerpräsidenten *Themistoklís Sofoúlis*, aus Samos gebürtig (▷ S. 27), wurde seine Zusammenarbeit mit Rechtsextremisten und Reaktionären zu einem bösen Makel auf seiner Lebensleistung. Der Konflikt wurde kurz nach seinem Tode 1949 zugunsten der Nationalisten und Royalisten entschieden, weil Jugoslawien seine Unterstützung für die *DSE* eingestellt hatte.

Samos mit seiner langen Geschichte von Bruderzwist hatte auch ein *DSE*-Bataillon, und manchmal ging der Riss selbst durch die Familien. Gelegentliche Andeutungen lassen vermuten, dass damals auch Männer aus Kokkari auf *Makrónisos* vor der Küste von Attika interniert wurden. Die Wunden jener Jahre haben in der alten Generation wohl Narben hinterlassen. Es ist jedenfalls nicht leicht, hierzu Informationen zu sammeln, um verstehen zu können, was solche Erinnerungen vor Ort bedeuteten und vielleicht noch immer bedeuten. Ähnliches gilt für die Zeit des rechten Militärregimes (▷ S. 33). –

Die Verfolgung linker Aktivisten und die ungünstigen wirtschaftlichen Aussichten der 1950er Jahre veranlassten mehr und mehr Samioten zur Auswanderung auf das griechische Festland und in europäische und außereuropäische Länder. Doch die meisten von ihnen hielten den Kontakt zu ihrer Heimatinsel, und nicht

wenige kehrten im Alter zurück, um ihren Lebens-
abend hier zu verbringen.

In den 1960er Jahren wurden die Schatten der Vergangenheit gemildert durch den allmählichen wirtschaftlichen Fortschritt der Insel. Die Elektrifizierung
war ein entscheidender Faktor. Über Jahrzehnte hinweg war daheim die Petroleumlampe die einzige Licht-
quelle gewesen. Nun wurde das *DEH*-Kraftwerk an der
Küste errichtet, an der Mündung des *Tholoréma*-Baches
einen Kilometer östlich von Kokkari. Das angrenzende
SILK-Öllager liefert den Brennstoff. Bis heute gibt es
übrigens keinen Anleger; die Öltanker werfen nur
Anker zur Entladung. Wenn die Wellen hoch gehen,
muss der Tanker auf der offenen Reede vor dem
Langen Strand warten, was jedesmal bei Nacht ein
spektakuläres Bild ist. –

Von 1967 bis 1974 öffnete die rechtsgerichtete Militär-
junta, auch als Regime der Obristen bekannt, erneut die
alten Bruchlinien in der politischen Landschaft der
Nation. Ökonomisch setzte das Land seinen mühsamen
Pfad aufwärts fort.

1974/75 ließ Griechenland
Diktatur und Monarchie hinter
sich. Dies ebnete 1981 den Weg
in die Europäische Gemein-
schaft, die Vorgängerin der
Europäischen Union. Es war
ein wichtiger Schritt in der
jüngeren Geschichte des
Landes; ob zum Guten oder
zum Schlechten, das ist heute,
dreieinhalb Jahrzehnte später,
die große Frage. –

*Wappen der Grie-
chischen Republik,
1975*

Der Zivilflughafen nahe *Pythagório* war 1963 eröffnet worden. Seine volle Bedeutung wurde greifbar, als 1976 die ersten Nonstop-Charterflüge landeten. Sie ermöglichten den heutigen Tourismus, der neue, vielversprechende wirtschaftliche Perspektiven erschloss, aber auch das Erscheinungsbild und die Sozialstruktur des Dorfes veränderte. Traditionelle, auf Zusammenhalt gerichtete Verhaltensweisen wurden geschwächt, während konkurrenzbetonte Einstellungen in den Vordergrund traten. Investitionen in Immobilien versprachen hohe Erträge für jene, die das Geld aufbringen konnten.

Ökonomisch profitierte Kokkari sichtbar von dem neuen Wirtschaftszweig, wurde es doch ein Touristenmagnet gleich hinter *Pythagório*. Am Langen Strand, ursprünglich einem nackten Streifen aus Kieseln und Sand, entwickelte sich eine ziemlich geschlossenen Reihe von Gebäuden zur Versorgung der Badegäste, fast bis hin zur Ruine der Strandmühle.

Solche Veränderungen machten die Landwirtschaft zu einem wirtschaftlichen Nebenschauplatz. Selbst die reichen Landbesitzer früherer Zeiten haben viel von ihrem Einfluss verloren. Mehrere dieser Familien sind ausgestorben, weil keine Ehepartner von gleichem sozialem Status gefunden werden konnten. Die Kleinbauern oder Pächter bearbeiten ihre Felder am Abend oder am Samstag, oder sie überlassen die Landarbeit ganz der alten Generation. Und überall ist der traditionelle Ziegenstall hinter dem Hause zur Erweiterung der Wohnung umgebaut worden.

Die Männer aus den Bergdörfern haben ihren Arbeitsplatz nun häufig an der Küste oder in der Stadt, sodass tagsüber die Bevölkerung dort oben aus Kindern und Rentner zu bestehen scheint. Frauen mögen bessere

Möglichkeiten haben als in der Vergangenheit, aber sie müssen auch mehr Verantwortung übernehmen, und in Sachen Geschlechterrollen können griechische Familien recht konservativ sein. –

Um das touristische Potential des Dorfzentrums besser auszuschöpfen, wurde in den frühen 1990er Jahren der Wellenbrecher angelegt, gefolgt von einer Aufwertung der Promenade entlang der Wasserfront. Dies kam den Restaurants und Bars rund um die Bucht zugute, wie zum Beispiel Stathis Restaurant, 1976 gegründet, oder Cavos Cafe Bar, 1986 eröffnet.

Etwa zur selben Zeit entstand die Hotelgruppe auf den westlichen Hügeln. Der größte Komplex, Arion, wurde 1992 von einem Unternehmer aus *Vourliótes* erbaut. Weitere Hotels und Gästehäuser entstanden an der Straße nach *Karlóvassi*. Es waren durchweg einheimische Geschäftsleute, keine ortsfremden Spekulanten. Im Rückblick verdient die Entschlossenheit, das Dorf und den Strand von klotzigen Hotelblocks freizuhalten, großen Respekt.

Die letzten anderthalb Jahrzehnte

Es lässt sich nicht leugnen, dass die Begleiterscheinungen des Tourismus Kokkaris Gesicht verändert haben, wenn auch von seinem Naturerbe nicht allzuviel geopfert wurde. Umso schlimmer war der verheerende Waldbrand von 2000, dem quer über die Insel große Flächen von Wald- und Buschland zum Opfer fielen, darunter auch viele der Hügel nahe Kokkari. Und die Gefahr ist nicht gebannt, wie das Feuer von 2010 zeigt.

Im Jahre 2002 gehörte Griechenland zu den 12 Ländern, die Euromünzen und -banknoten statt der bisherigen Währungen einführten. Damals schien der Abschied von der *drachmí* leicht, aber ein Jahrzehnt später wurden die Probleme

schmerzlich spürbar, als die Nation von der Finanzkrise mit ihren wirtschaftlichen und sozialen Folgen überrollt wurde.

Eine der Gegenmaßnahmen war die *Kallikrátis*-Reform von 2011, die auf einen Abbau von Kosten und Bürokratie in der regionalen und lokalen Verwaltung abzielte. Infolge dieser Reform ist Kokkari nun Teil der Stadt Samos (*Dímos Sámou*). Innerhalb dieses Rahmens steht ihm ein gewisses Maß an Autonomie als *topikí kinótita* zu.

Diese „Ortsgemeinschaft" zählte im Jahre 2011 laut dem Zensus 1060 Einwohner (nach nur 849 im Jahre 1971). Die Zahl verdoppelt sich wahrscheinlich während der Sommermonate durch Saisonbeschäftigung im Tourismusgeschäft. Die Gesamtzahl der Gästebetten wird auf knapp 3000 geschätzt.

Kokkari scheint besonders bei Skandinaviern, Niederländern und Deutschen beliebt zu sein. Wie stark mittlerweile die Abhängigkeit vom Tourismus geworden ist, hat sich während der gegenwärtigen griechischen Krise gezeigt. Wenn ausländische Buchungen zurückgehen und Stammgäste aus Athen sich den Urlaub nicht mehr leisten können, dann machen sich die Folgen sofort bemerkbar. Die Erholung von 2014 war ein Zeichen der Hoffnung, aber die dramatische Zuspitzung im Jahr darauf hat alle vermeintliche Sicherheit in Frage gestellt.

Das Ergebnis der Volksabstimmung vom 5. Juli 2015 kann man besser verstehen, wenn man sich an das Jahr 1940 erinnert (▷ S. 30). Doch diese Wiederholung des entschiedenen und selbstbewussten „*Oxi!*", „Nein!", hat keines der Probleme einer Lösung näher gebracht – weder im Innern, wo der seit Jahrzehnten an Einnahmen arme, aber in vielerlei Ausgaben gefangene Staat sich mit Reformen schwer tut, noch nach außen, wo die europäischen Partner die Fähigkeit zur Hilfe hatten und weiterhin hätten, aber bittere Bedingungen daran knüpfen.

Und im Hintergrund ist da noch das Dilemma manch eines griechischen Bürgers, der einerseits von leidenschaftlichem Nationalstolz beseelt ist, andererseits aber dem eigenen Staat in jeder Hinsicht misstraut und Klientelwesen, Korruption oder Steuerhinterziehung als unvermeidbare Gepflogenheiten zu entschuldigen bereit ist.

Doch wie dem auch sei: Den freundlichen Menschen von Kokkari und ihrem liebenswerten Ort ist auch in Zukunft die Zuneigung und der Respekt ihrer Urlaubsgäste von Herzen zu wünschen.

Februar 2016

Die Ankunft von Zehntausenden von Flüchtlingen vom kleinasiatischen Festland seit Sommer 2015 hat Samos unter enorme Belastung gestellt, wenn auch die Insel nur ein Sprungbrett auf dem Wege zu Ländern weiter im Norden ist. Und während den Griechen noch ihre finanziellen Schwächen vorgeworfen wurden (ob berechtigt oder unberechtigt, das sei dahingestellt), versuchten sie, sich der neuen Herausforderung zu stellen. Die Frage drängt sich auf, ob Griechenlands europäische Partner dem Land in dieser neuen Situation nicht bessere Unterstützung zukommen lassen sollten.

Orthodoxes Christentum vor Ort

In ihrem überkommenen Selbstverständnis sehen die orthodoxen Kirchen sich als den einzigen legitimen Zweig des Christentums und blicken auf andere Zweige als fehlgeleitet, wenn nicht als schismatisch oder geradewegs ketzerisch herab. Die Position der römisch-katholischen Kirche ist mehr oder weniger spiegelbildlich, während die protestantische Seite mit der Orthodoxie im Weltkirchenrat zusammenarbeitet.

Bei alledem sind die dogmatischen Unterschiede weit geringer, als mancher Eiferer wahrhaben will. Denn ihnen allen ist das Glaubensbekenntnis von Nizäa gemeinsam (▷ S. 73), dazu die Beschlüsse mehrerer nachfolgender ökumenischer Konzilien. Aber auf der Ebene gängiger Vorurteile kann man der Verdammung als αιρετικός, „Häretiker", durchaus noch begegnen.

Der traumatische Widerstreit zwischen Ost und West, das Große Schisma, geht auf das Jahr 1054 zurück. Die Vormachtstellung des Papstes war nur einer von mehreren Zankäpfeln, wenn auch der hervorstechendste. Dieser Bruch, damals von Heißspornen auf beiden Seiten herbeigeführt, gibt noch immer Anlass zur Verärgerung, trotz des versöhnlichen Besuchs von

Papst Franziskus beim Ökumenischen Patriarchen Bartholomäus I. von Konstantinopel im Jahre 2014.

Der Ökumenische Patriarch wird als symbolisches Oberhaupt und als geistlicher Führer der gesamten östlichen orthodoxen Christenheit betrachtet. In jeder anderen Beziehung ist die Kirche von Griechenland ein eigenständiges Mitglied der orthodoxen κοινωνία ("Kommuniongemeinschaft") und erkennt kein anderes Oberhaupt an als den Heiligen Synod unter dem Vorsitz des Erzbischofs von Athen.

Wappen des Patriarchen

Trotzdem stehen aus geschichtlichen Gründen die ostägäischen Inseln, darunter auch Samos, immer noch mit Konstantinopel in Verbindung: Jeder neue Bischof muss vom dortigen Patriarchen bestätigt werden und kann bei ihm Berufung einlegen; ansonsten werden diese ostägäischen Diözesen von der Orthodoxen Kirche von Griechenland "in Stellvertretung" verwaltet.

Kapellen

Die meisten Kapellen in Kokkari wurden im 20. oder auch im 19. Jh. erbaut; nur wenige sind mehr als 200 Jahre alt. Diese Kapellen bieten keine spektakulären Höhepunkte, sondern bilden eher einen Querschnitt durch die ganze Bandbreite des Erhaltungszustands: Einige sind beispielhaft gepflegt, andere halb verfallen. Gegründet wurden sie von den Menschen vor Ort, vielleicht im Zusammenhang mit einem Gelübde, und häufig werden sie noch von den Nachkommen betreut.

Gelegentlich wurde eine Kapelle in der Nähe einer vorchristlichen Kultstätte oder gar auf deren Ruinen errichtet. Die Kapelle des St. Pandeleimon, des „Heilers", ist beispielsweise kaum 100 Meter entfernt von dem Gelände an der *Mána*-Quelle, das im Altertum dem Asklepeios geweiht war, dem Gott des Heilens in der griechischen Mythologie. Die Stümpfe von zwei oder drei Säulen des Heiligtums sind unter den mächtigen Platanen noch zu sehen; eine andere Säule liegt auf dem Meeresboden vor der Mündung des *Mána*-Bachs. Dank der Kapelle hat jene alte Tradition eine neue Bedeutung als Ausdruck griechischer Volksfrömmigkeit gefunden. –

Wann immer Sie sich einer Kirche oder Kapelle nähern, versuchen Sie die jeweils besondere Stimmung aufzunehmen: die Einbettung in die Landschaft und in die unmittelbare Umgebung; die Einfachheit oder Eleganz des Bauwerks. Ist das Mauerwerk Bruchstein, oder ist es weiß und blau verputzt? Gibt es einen Vorplatz, eine Vorhalle? Sitzt eine Kuppel obenauf? Und wo ist die Glocke? Wenn die Versuchung Sie überkommt, die Glocke zu läuten, bedenken Sie bitte, das dies von den Einheimischen als ein Signal verstanden werden könnte, dessen Sie sich nicht bewusst sind.

Was die Kapellen in den Außenbezirken betrifft, so sind die allermeisten ohne Weiteres zugänglich. Mitunter müssen Sie sich jedoch auf eine einzigartige, selbstverfertigte Schließvorrichtung an der Tür gefasst machen.

Im Innern dürfen Sie das gedämpfte Licht, die Stille und die Kühle genießen. Aber auch wenn Sie nur aus Neugier eingetreten sind, respektieren Sie bitte den religiösen Charakter des Gebäudes und verhalten Sie sich angemessen.

Im Allgemeinen ist ein Dachgewölbe typisch für ältere Kapellen, während eine Holzdecke, insbesondere mit sichtbaren Sparren, eher auf einen neueren Ursprung deutet.

Irgendwo, gewöhnlich nicht weit vom Eingang, besteht die Möglichkeit, eine Kerze zu nehmen und anzuzünden – in einem Sandbett, aus Gründen der Sicherheit. Wenn Sie sich entschließen, dem Brauch zu folgen, vergessen Sie nicht, eine Münze in den Opferstock zu werfen, nämlich in einen hölzernen Kasten mit einem meist recht unauffälligen Schlitz.

Beim Verlassen sollten Sie auf den Türsturz achten, denn der könnte recht niedrig sein; und dann denken Sie daran, die Tür wieder zu schließen und die Sicherungseinrichtung wieder festzuzurren, wo dies notwendig ist.

Die Bedeutung der Ikonen

In jeder orthodoxen Kirche oder Kapelle fällt die so genannte Ikonostase dem Eintretenden sofort ins Auge. Sie trennt das *ágio víma* (Heiligtum) mit dem Altar von der Gemeinde im *klítos* (Kirchenschiff).

Das Heiligtum ist dem Priester und dem Küster vorbehalten, und ein rücksichtsvoller Besucher sollte es nicht betreten. Oft ist es aber möglich, hineinzuschauen und den Altar und die Apsis mit dem östlichen Fenster zu sehen. Dieses Fenster, wie winzig es auch sein mag, ist der symbolische Einlass für die aufgehende Sonne, zur täglichen Erinnerung an die Auferstehung Jesu Christi.

Die Ikonostase wird dominiert von der Heiligen Tür in der Mitte, mit einer Christus-Ikone rechts und einer Ikone der Madonna links, vom Kirchenschiff aus gesehen. Das Bild des heiligen Schutzpatrons findet sich üblicherweise an der anderen Seite Christi, sofern die Kapelle nicht der Hl. Maria selbst geweiht ist.

Außerhalb der Ikonostase können verschiedene andere Ikonen an den Wänden ringsum angebracht sein. Manchmal sind es nur einfache Papierdrucke, aber die orthodoxen Christen sind überzeugt, dass jede Ikone geheiligt ist, wenn ein Priester sie gesegnet hat. Allerdings ist es nie die Ikone selbst, die zum Gegenstand der Verehrung wird, sondern die heilige Person, die dargestellt ist und deren Name aufgeschrieben steht. Dieser Namenszug ist ein unverzichtbares Merkmal einer Ikone, wenngleich er nicht immer leicht zu entziffern ist, weil er in einer besonderen Schönschrift mit traditionellen Abkürzungen verfasst ist.

Einige wichtige Ikonen sind von einer Anzahl so genannter *tamáta* umgeben, kleinen silbernen Schildchen. Solch ein *táma* ist eine Votivgabe, durch die jemand den Heiligen um Fürsprache anruft oder ihm Dank für erfolgreiche Hilfe abstattet. Oft verrät das in das Blech getriebene Bild, welcher Art das Anliegen des Bittstellers war.

Wenn Teile des Gemäldes mit Silberblech bedeckt sind, verdient die Ikone besondere Aufmerksamkeit: Vielleicht wird sie für das Werkzeug eines Wunders gehalten, dessen Nutznießer seine Dankbarkeit durch den silbernen Überzug bezeugt hat. Nebenbei hat der Überzug auch eine sehr praktische Funktion: Er macht es möglich, dass viele Gläubige die Ikone küssen, ohne das Gemälde selbst zu beschädigen. Solch ein silberner

Schutz ist natürlich angemessener als die einfache Glasscheibe unserer Tage.

Zusammengefasst: Für den Gläubigen ist die Ikone kein Kunstwerk, ob wertvoll oder wertlos, sondern ein geweihter Gegenstand, der es dem frommen Beter ermöglicht, Gott näher zu kommen. Es sollte also für Besucher aus der westlichen Christenheit selbstverständlich sein, die Ikonen ebenso wie den zugrunde liegenden Glauben zu respektieren.

Giortés – die traditionellen Feste

Im Laufe eines Jahres ist manch eine der Kapellen in und um Kokkari Schauplatz eines volkstümlichen Festes zur Feier des Andenkens an den heiligen Schutzpatron. Das griechische Wort γιορτή umfasst drei grundlegende Aspekte dieser Feste:

- das religiöse Fest des betreffenden Heiligen,
- das fröhliche Treffen der näheren und weiteren Anwohner, oft verbunden mit einer Nachtwache, die am Vortage beginnt,
- und nicht zuletzt das traditionelle Festmahl, das während der Nachtwache gekocht und am Morgen nach dem Gottesdienst ausgeteilt wird.

Das Datum des Festes richtet sich nach dem Heiligenkalender der griechisch-orthodoxen Kirche; dieser beginnt am 1. September. Ungefähr die Hälfte dieser Veranstaltungen findet in den heißen Sommermonaten statt, wenn die Nachtwache auf angenehme frühmorgendliche Temperaturen hoffen kann.

Die folgende Liste ist ohne Gewähr:

26. September   *Ágios Ioánnis Theólogos* (▷ S. 95)

26. Oktober	*Agios Dimítrios* (▷ S. 77, ▷ S. 109)
21. November	*Panagía / Isodía Theótokou* (▷ S. 93)
6. Dezember	*Agios Nikólaos* (▷ S. 57)
23. April oder Ostermontag	*Agios Giórgios* (▷ S. 111)
Freitag nach Ostern	*Panagía / Zoodóchos Pigí* (▷ S. 79)
Pfingstmontag	*Agía Triáda* (▷ S. 72)
20. Juli	*Profítis Ilías* (▷ S. 100, ▷ S. 105)
26. Juli	*Agía Paraskeví* (▷ S. 77, ▷ S. 81)
27. Juli	*Agios Pandeleímonas* (▷ S. 116)
6. August	*Metamórfosis* (▷ S. 75)
15. August	*Panagía / Kímisis* (▷ S. 104)
23. August	*Panagía / „Enniámera" Kímisi* (▷ S. 53)
27. August	*Agios Fanoúrios* (▷ S. 120)
29. August	*Agios Joánnis Pródromos* (▷ S. 89, ▷ S. 114)

Das Fest an der *Pandeleímonas*-Kapelle im *Mána*-Tal am 27. Juli genießt das höchste Ansehen und zieht Besucher aus ganz Samos an.

Das Festmahl

Laut den jungen Autoren der *Exoklísia* (▷ S. 152) stammt der Brauch des Festmahles aus Kleinasien und geht möglicherweise auf die frühchristliche Agape zurück. Die Agape war ein gemeinsames Mahl, zu dem jeder Teilnehmer etwas zu essen und zu trinken beisteuerte. Eine andere Wurzel könnte in der Tradition der Votivgaben (*tamáta*) zu suchen sein.

Die Besucher eines Heiligenfestes kommen oft aus beträchtlicher Entfernung zu Fuß gegangen, deshalb treffen sie schon am Vorabend ein und verbringen die

Nacht an der Kapelle, entweder indem sie eine Nachtwache halten oder indem sie sich zu einem kurzen
Schlaf niederlegen. Am Morgen wird ein Gottesdienst
gefeiert, und dann freut sich jeder auf das *giortí*-Mahl,
nach altem Brauch bestehend aus „Fleisch, Zwiebeln
und Weizenmehl". Die *Exoklísia*-Autoren beschreiben
den typischen Ablauf wie folgt:

Die Vorbereitung des Mahls liegt in den Händen einiger *mastóri*, „Meisterköche"; die *Exoklísia* erwähnt ein
Team von vier „Meistern". Die Prozedur beginnt am
Vorabend, wenn das Feuer unter einem großen Kessel
entzündet wird. Zuerst werden 25 kg Ziegenfleisch
gründlich gekocht, bevor ein Paket Salz übergestreut
und das Kochwasser abgeschäumt wird. Nach einigen
Stunden wird das Fleisch entbeint, anschließend
werden 25 kg Zwiebeln zugefügt.

In der Zwischenzeit genehmigen sich die Meister und die Umstehenden einige *mezédes* („Appetithäppchen") und spülen sie mit Wein, *soúma* oder *oúzo* hinunter. Später reicht es vielleicht für einen kurzen Schlaf.

Am Morgen zwischen 5 und 6 Uhr kommen 25 kg Mehl in den Kessel, dazu 2 kg Öl und 4 kg Butter. Von nun an muss der riesige Eintopf beständig mit einem großen hölzernen Ruder oder Löffel gerührt werden, damit der Brei nicht zu klebrig wird, sondern eine cremige Beschaffenheit annimmt. Das ist ein anstrengendes und zeitraubendes Verfahren, deshalb wechseln die Köche sich ab, bis etwa 9 Uhr.

Nach dem Morgengottesdienst segnet der *pápas*, der örtliche Priester, das Mahl mit Weihwasser, und dann wird es an die Gemeinde ausgeteilt.

Das obige Standardrezept wird in der Fastenzeit und auch an den Festen Johannes des Täufers (29. August) und der Verklärung Christi (6. August) abgeändert, indem das Fleisch durch Kichererbsen oder Oktopus ersetzt wird. Dies ist leicht zu erklären im Falle der Fastenzeit; im Falle Johannes des Täufers mag sein Tod durch Enthauptung der Grund für die vegetarische Variante sein.

Wegschreine

Ein aufmerksamer Beobachter wird gelegentlich am Wegrand einen Schrein bemerken, oft in der Form einer Miniatur-Kapelle. Das ist des kleinen Mannes Version einer Kapelle – dazu sind in der einfachsten Ausführung nur eine gedruckte Ikone und ein Öllämpchen erforderlich. Das kostet wenig und braucht nicht viel Pflege, aber natürlich bleiben dem Schrein kirchliche Rituale und *giortí* (Feste) vorenthalten.

Der bekannteste Wegschrein ist wohl das Exemplar in modernem Stil am Torbogen der Hinkemühle (▷ S. 132). Ein weiterer Schrein steht gegenüber dem Hotel *Mýlos Beach* an der Einmündung der schmalen ansteigenden Straße.

Mit dem weißen Schrein an der Hafenfront nahe der *Platía* hat es eine andere Bewandtnis: Er ist eine Gedenkstätte mit besonderer Bedeutung (▷ S. 50).

Die Kapellenrunde

Die Pfarre Kokkari zählt 26 Kapellen – genauer gesagt sind es zwei Kirchen, 23 Kapellen und ein besonderer Schrein, der an die erste Kirche des Dorfes erinnert. Die nachfolgend gewählte Reihenfolge ergibt einen Rundweg, der im Dorf beginnt und dann im Uhrzeigersinne die Außenbezirke so durchzieht, dass am Ende alle 26 Standorte berührt worden sind. Die fortlaufende Nummerierung hilft, den jeweiligen Standort in den Kartenskizzen ab ▷ S. 154 aufzufinden.

Die GPS-Koordinaten sind angegeben nach dem Muster GG°MM.mmm' (Grade und Minuten, die letzteren mit drei Nachkommastellen), gefolgt von der Höhe in Metern.

Kirchen und Kapellen im Dorf

1. Panagía (St. Marien), Gedenkschrein

N037°46.773′ E026°53.588′ // 2m // Karte ▷ S. 154

Beiname: *Kímisis tis Theotókou* („Entschlafung der Gottesgebärerin", d.h. der Gottesmutter).

Der eigentümliche Schrein auf der Hafen-promenade, 25 Meter nördlich der *Platía*, wird im Vorbeigehen leicht übersehen. Und doch sind die weißen Quader mit ihren blauen Kappen eine Erinnerung an Kok-karis erste Dorfkirche. Örtlichen Gewährs-leuten zufolge wird  dieser Teil des Dorfes ebenfalls *Panagía* genannt, nach der verschwundenen Kirche.

Es ließ sich weder herausfinden, wann die *Panagía* erbaut wurde, noch wann sie abgebrochen wurde. Eine vorsichtige Schätzung könnte den Ursprung der Kirche auf etwa 1800 ansetzen. Die Kapelle *Profítis Ilías* in dem Randbezirk *Aiogdítes*, 1786 gegründet, gilt jedenfalls allgemein als älter (▷ S. 105).

Von der ursprünglichen Kirche ist nur der Altar erhalten, bestehend aus vier Quadern mit weißen Tauben obenauf sowie einem zentralen, größeren Quader, der eine Art Laterne mit aufgesetztem Kreuz trägt. Eines der vier Laternenfenster, nämlich das in Richtung des Hügels, kann geöffnet werden. Es ist aber ratsam, es geschlossen zu lassen, weil das Innere sehr verrußt zu sein pflegt.

Wenn man sich die traditionelle Ausrichtung der Kirchenarchitektur nach Osten vergegenwärtigt, dann liegt der Schluss nahe, dass das Kirchenschiff auf den Hügel zu gelegen haben muss, unter der heutigen Dachkonstruktion. Das Bauwerk kann also nicht sehr groß gewesen sein. Aber, wie man vor Ort versichert, es sei hoch genug gewesen für eine Empore mit Zugang von außen. Dies sei die *gýnekonítis* („Frauenabteilung") gewesen – woraus folgt, dass das Erdgeschoss des Kirchenschiffes für die männliche Hälfte der Gemeinde reserviert war.

Die Kirche lag sehr nahe zum Ufer und in geringer Höhe. Sie muss unter dauernder Bedrohung durch den Wellengang gestanden haben, selbst wenn der Untergrund fester Fels gewesen sein mag. Früher oder später war der Bau einer größeren Kirche an einem sichereren Standort unausweichlich (▷ S. 53).

Η Παναγία

Panagía, die „All-Heilige", ist der volkstümliche Name, mit dem in der griechisch-orthodoxen Christenheit die heilige Jungfrau und Gottesmutter Maria bezeichnet wird.

Diese Namensform spiegelt den Glauben wider, dass unter den Heiligen die Jungfrau Maria den höchsten Rang inne hat. Dies wird unterstrichen durch die Tatsache, dass vier der zwölf großen Feste im Laufe des orthodoxen Kirchenjahres (1. September bis 31. August) zu Ehren der *Theótokos*, der „Gottesgebärerin", gefeiert werden. Jedes dieser Feste kann auch als Beiname einer Kirche oder Kapelle auftreten, die der Hl. Maria geweiht ist.

Die betreffenden vier Feste sind:

- die Geburt der *Theótokos*, am 8. September;

- die Darstellung (*Isódia*) der *Theótokos* im Tempel, am 21. November (▷ S. 86);

- die Verkündigung an die *Theótokos*, am 25. März;

- Die Entschlafung (*Kímisis*) der *Theótokos*, am 15. August. Mit der Entschlafung ist ihr Tod gemeint, oder, wie sowohl die griechischorthodoxe als auch die römisch-katholische Kirche lehrt, ihre leibliche Aufnahme in den Himmel (▷ S. 54).

Die Bezeichnung „Gottesgebärerin" geht auf das Konzil von Ephesus im Jahre 431 zurück. Sie bringt das Dogma zum Ausdruck, dass Maria den Sohn Gottes geboren habe (*Theó-tokos*), also nicht nur Jesus Christus in seiner menschlichen Natur (*Christó-tokos*). Gleichzeitig unterstreicht das Wort, dass Maria ein Mensch war, in Abgrenzung zu der Vorstellung heidnischer Mythologien, ein Gott könne nur von einer Mutter geboren werden, die selbst eine Göttin sei.

Kokkaris erste Dorfkirche, die *Panagía*, war der Entschlafung geweiht, deren Termin auf den 15. August fällt. Es scheint, dass heutzutage kein eigenes Fest gefeiert wird; wahrscheinlich ist es im Fest der *Panaítsa*-Kirche am 23. August eingeschlossen (▷ S. 56). –

Von der Bezeichnung *Panagía* ist die männliche Form *Panagiótis* abgeleitet, in Griechenland ein beliebter Vorname.

2. Panaítsa (St. Marien), alte Dorfkirche

N037°46.657' E026°53.633' // 5m // Karte ▷ S. 154

Beiname: *Kímisis tis Theotókou* („Entschlafung der Gottesgebärerin").

Die frühere Pfarrkirche ist auch unter dem Namen *Panaítsa*, „kleine Maria", bekannt. Der Grund ist nicht ganz klar, denn sie ist größer als irgendeine der Kapellen rund um Kokkari. Vielleicht kam es zu diesem liebevollen Beinamen, als den Kokkariern klar wurde, wie riesig die Nachfolgerin, St. Nikolaus (▷ S. 45), sein würde.

Die „kleine Maria" liegt ruhig im unteren östlichen Teil des Dorfes, am westlichen Fuß des *Tepé*-Hügels, etwa 140 m von der Pfarrkirche St. Nikolaus entfernt, umgeben von einem kleinen Kirchplatz.

Das Erscheinungsbild des Bauwerks, mit der achteckigen Kuppel über dem Kreuzgewölbe des breiten Kirchenschiffs, zusammen mit dem eingefriedeten Vorplatz, lässt erkennen, dass es sich um mehr als nur eine einfache Kapelle handelt. Als Ersatz für die erste *Panagía* (▷ S. 50) im Jahre 1819 gegründet, war dies länger als ein Jahrhundert Kokkaris Pfarrkirche, bis die Funktion 1938 an *Agios Nikólaos* übertragen wurde (▷ S. 57).

Leider ist die Kirche den größten Teil des Jahres verschlossen. Es besteht aber eine Chance auf Zutritt während der Ostertage und während der Festperiode vom 15. bis 23. August, der *enniámera*, der „neun Tage", die dem Fest der Entschlafung folgen.

Η Παναγία

Die Kirche ist der *Panagía* geweiht, der „all-heiligen" Jungfrau und Gottesmutter Maria, genauer gesagt, der *Kímisi tis Theotókou* („Entschlafung der Gottesgebärerin"). In der westlichen Christenheit ist das Fest bekannt als Mariä Aufnahme in den Himmel, auch volkstümlich „Mariä Himmelfahrt" (15. August).

Obwohl vage Anspielungen auf den Tod der Hl. Maria in einigen Büchern des Neuen Testaments auftauchen, beruhen die Einzelheiten der Legende auf apokryphen Texten.

Als Maria in Jerusalem (also wohl nicht in Ephesus) auf dem Sterbebett gelegen habe, seien elf der zwölf Apostel durch ein Wunder eingetroffen, jeder von dem Teil der Erde, wo er gerade predigte.

Als die Leiche zu einem Grab in Garten Gethsemane am Fuß des Ölbergs getragen wurde, habe der jüdische Priester *Antónios* versucht, den Trauerzug zu verspotten und die Totenbahre umzustürzen. Aber ein Engel sei erschienen und habe ihn bestraft, indem er ihm mit einem Schwert die Hände abschlug. Als *Antónios* bereute und Christ wurde, erhielt er seine Hände durch ein Wunder zurück.

Als drei Tage später der zwölfte Apostel, Thomas, aus Indien eintraf, bat er, die Verstorbene noch einmal sehen zu dürfen. Man entdeckte, dass ihr Grab leer war, abgesehen von den Leichentüchern, und schloss daraus, dass sie leiblich in den Himmel aufgenommen worden sei. Thomas war untröstlich wegen seiner Verspätung. Aber in der Nacht erschien ihm die Hl. Maria im Traum und versprach, ihm ein Zeichen zu senden, um seinen Kummer zu lindern. Als er erwachte, fand er ihren *zóni* vor. Dieses griechische Wort kann über setzt werden als Gürtel oder Schärpe.

In Jerusalem wurde am vermuteten Ort des Mariengrabes schon im 4. Jh. eine Kirche gegründet.

Die Erinnerung an die *Agía Zóni*, den „Heiligen Gürtel" der Legende, wird in dem Kloster gleichen Namens in der *Vlamarís*-Ebene östlich von Samos-Stadt gepflegt.

Die alte Kirche ist aufwändig ausgestattet und wird in mustergültiger Ordnung gehalten. Die Ikonostase, aus dunklem Holz und reich verziert, schafft eine geheimnisvolle Atmosphäre. Das Gemälde vom Sterbebett der Hl. Maria ist fast vollständig mit Silberblech belegt, sodass man von den verschiedenen Personen nur die Köpfe sieht. Und oberhalb wie unterhalb der Ikone künden Schnüre mit vielen silbernen Votivgaben von der Hilfe, die verzweifelten Menschen dank der Fürbitte der Gottesmutter zuteil geworden ist. Die Hl. Maria ist auch in einer bemerkenswerten *Zoodóchos-Pigí*-Ikone (▷ S. 72) dargestellt. Nach den Daten auf einigen Fresken zu urteilen, ist die Kirche in den 1990er Jahren renoviert worden.

Die auffällige hölzerne Konstruktion aus einem Tisch unter einem von vier Säulen getragenen Baldachin ist die symbolische Totenbahre der Hl. Maria. Bei den Festlichkeiten zu Ehren der *Panagía* spielt sie, üppig mit Blumen geschmückt, eine zentrale Rolle.

Das Fest der Entschlafung (15. August) ist eines der zwölf Großen Feste, von denen ein jedes in einer achttägigen Nachfeier ausklingt – auf Griechisch *enniámera*, „neun Tage", weil der eigentliche Festtag mitgezählt wird.

Das erklärt, wieso das Fest der alten Dorfkirche auf den 23. August verschoben ist. Es beginnt am Vorabend mit einer Abendliturgie mit Gesängen zum Lob der *Panagía* und einer Prozession, in der ihre symbolische Totenbahre samt Leichentuch umher getragen wird. Nach einer Nachtwache auf dem Kirchplatz wird der neue Tag mit einem weiteren Gottesdienst begrüßt und zum Abschluss das traditionelle *giortí*-Mahl (▷ S. 45) genossen. –

Das Gebäude mitsamt dem Kirchplatz liegt auf früherem Grundbesitz des Klosters *Móni Vrondá*. Die Fläche rechts der Kirche war Kokkaris erster Friedhof. Wann er aufgegeben wurde, hat sich nicht klären lassen, aber es ist anzunehmen, dass die Einrichtung des heutigen Friedhofes (▷ S. 66) irgendwie im Zusammenhang mit dem Bau der Pfarrkirche St. Nikolaus stand (▷ nachfolgendes Kapitel).

3. Ágios Nikólaos (St. Nikolaus), Pfarrkirche

N037°46.677' E026°53.542' // 4m // Karte ▷ S. 154

Unter den Kokkariern herrscht die allgemeine Überzeugung, dass St. Nikolaus die größte und eindrucksvollste Kirche von ganz Samos ist.

Die Pläne waren vom Architekten *Angelos Angelídis* entworfen worden. Der Grundstein wurde 1902 gelegt, wie die Inschrift besagt: „Der Hegemon von Samos, *Alexandros Mavrogenos*, und der *archieregontos*, *Athanasios Kapouralis* [auch bekannt als *Kapoláris*, damaliger Metropolitan von Samos, d.h. Erzbischof], legten diesen

Grundstein am 18. September 1902, während der Amtszeit des Bürgermeisters *Fótios Fragoúlis Garoufális.*" Der Bau war ein sehr ehrgeiziges Projekt, das mehr als einmal in den folgenden Jahrzehnten die finanziellen Möglichkeiten der Gemeinde überstieg.

Der Bauplatz lag außerhalb des Dorfes, jenseits der Hauptstraße, die einige Jahre zuvor angelegt worden war. Das Grundstück war einem Kloster abgekauft worden, vermutlich *Moní Vrondá*.

Während der ersten sechs Jahre machte der Bau stetige Fortschritte; zu den Finanzen trug eine Lotterie bei, die der rührige Bürgermeister *Fótios Garoufális* angeregt hatte. Aber im Jahre 1908 überredeten seine politischen Gegner den Hegemon *Andréas Kopásis*, die Erlaubnis zu der Lotterie zu widerrufen; die Folge war, dass die Bauarbeiten unterbrochen wurden und die Baustelle ein volles Vierteljahrhundert brach lag.

Der Eingriff durch *Kopásis* von 1908 gehört in den größeren Zusammenhang der Zuspitzung zwischen den Verfechtern der Union mit Griechenland und den Verteidigern der Autonomie im Rahmen des Osmanischen Reiches, wie im Geschichtskapitel erwähnt. Auch in den Folgejahren waren die politischen Ereignisse dem Kirchenprojekt nicht günstig, vom Balkankrieg 1912 bis zum Zusammenbruch der griechischen Militäroffensive in Anatolien 1922.

In den 1920er und 1930er Jahren litt die griechische Nation unter politischer und wirtschaftlicher Instabilität. Und so schien es, als würde die Kirche für immer eine Bauruine bleiben. Aber im Jahre 1933 fasste *Ioánnis Elissavítis*, ein wohlhabender Bürger Kokkaris, einen mutigen Entschluss: Er bürgte für die gesamten Kosten der Fertigstellung (▷ S. 129).

Am 30. September jenes Jahres zog eine feierliche Prozession mit dem Metropolitan *Irinéos* an der Spitze von der alten Pfarrkirche zu der halbfertigen neuen Kirche, um sie für den Wiederbeginn der Arbeiten zu weihen.

Die Autoren der *Exoklísia* berichten: „Von dem Tage an lief alles wie am Schnürchen: der Zeitplan, die Geldspenden, die Handwerker. Fünf Jahre lang half die gesamte Gemeinde, ob groß oder klein, ob arm oder reich, ob Mann oder Frau. Man transportierte Material, stieg die Leitern und Gerüste auf und ab – ein Meer von Menschen, die kamen und gingen. Boote transportierten Steine von den Brüchen am Kap *Kótsika* und Sand von den Stränden *Seïtáni, Potámi,* and *Karlóvassi.*"

1938 schließlich ergriff die Gemeinde Besitz von der neuen Pfarrkirche, angeführt von *Pápas Geórgios Partsáfas.* Eine Inschrift am Fuß des Pfeilers rechts von der Heiligen Tür erinnert vermutlich an den Bauunternehmer: „*Ergon / N. Peraki /* 1938."

Allerdings blieben einige Teile des Bauwerks noch lange unvollendet. Nach weiteren Verzögerungen wegen des Zweiten Weltkrieges, wegen des Bürgerkrieges und wegen unzureichender Geldmittel konnte erst 1962, also nach 60 Jahren, der endgültige Abschluss der Bauarbeiten gefeiert werden.

Es ist in der Tat eine großartige Basilika geworden, 34 m lang und 18 m breit, mit zwei robusten Türmen, einem Querschiff und einer Kuppel 24 m hoch über der Vierung.

Das imposante Westwerk mit den Stufen, den drei Bögen der majestätischen Vorhalle und den Haupttüren wird eingerahmt vom Glockenturm links und dem Uhrenturm rechts. Leider hat die Uhr eine recht eigenwillige Vorstellung von Zeit. Die Glocken auf der anderen Seite wetteifern um die akustische Überlegenheit mit Hunderten von Schwalben, die am obersten Sims der Fassade nisten.

Ἅγιος Νικόλαος, Ο Θαυματουργός

St. Nikolaus (270-343) war der Erzbischof von Myra an der Südküste Kleinasiens (heute Demre, Türkei). Sein Name *Nikólaos*, „Sieg des Volkes", wird oft ergänzt durch den Beinamen *Thavmaturgós*, „Wundertäter".

Der verbreitetste Bericht über St. Nikolaus erzählt, wie er drei jungen Mädchen half. Ihr Vater war so arm, dass er keine Mittel für ihre Mitgift aufbringen konnte, was bedeutete, dass die Töchter unverheiratet bleiben würden und ein Leben im Elend, wenn nicht gar in Prostitution vor sich hatten. Der Heilige, der trotz einer beträchtlichen Erbschaft ein bescheidenes Leben führte, erfuhr von ihrer Notlage. Als das älteste Mädchen volljährig wurde, schlich er sich bei Nacht zu dem Haus und warf eine Börse mit Goldmünzen durch das Fenster. Diese gute Tat wiederholte er, als die anderen beiden Mädchen in dies Alter kamen.

Beim dritten Mal war jedoch der Vater wach geblieben, um herauszufinden, wer der geheimnisvolle Wohltäter war. St. Nikolaus aber, der vielleicht eine Vorahnung hatte, warf die Börse diesmal durch den Kamin, und sie fiel in einen Strumpf, den das Mädchen gewaschen und dort zum Trocknen aufgehängt hatte.

Auf einer Pilgerreise nach Jerusalem rettete der Heilige in einem Sturm das sinkende Schiff durch sein Gebet.

Als er Bischof von Myra geworden war, geriet die Stadt in eine schlimme Hungersnot. Eines Tages ankerte ein Schiff aus Ägypten mit Weizen für Rom oder Byzanz im Hafen. St. Nikolaus erbat sich einen Teil der Ladung für seine verhungernden Mitbürger. Die Seeleute fürchteten, an ihrem Zielort Ärger zu bekommen, weil sie sich verpflichtet hatten, dem Kaiser ein bestimmtes Gewicht an Korn zu liefern. Aber der Heilige versicherte ihnen, es würde zu keinem Verlust kommen, und am Ende waren sie einverstanden. Als das Schiff in der Hauptstadt gelandet war, stellten sie zu ihrer Überraschung fest, dass das Gewicht der Ladung sich nicht verändert hatte, obwohl der in Myra abgegebene Weizen genug für zwei Jahre gewesen war. –

Aller Wahrscheinlichkeit nach nahm St. Nikolaus 325 am Ersten Konzil von Nizäa teil, und er soll einer der eifrigsten Verfechter des Nizänischen Glaubensbekenntnisses gegen die Arianische Irrlehre gewesen sein; ja er soll sogar Arius während einer Sitzung ins Gesicht geschlagen haben.

Seine Reliquien werden heute in Bari, Italien, aufbewahrt. Sie waren 1187 aus Myra gerettet (manche sagen: geraubt) worden, als das südliche Kleinasien von den türkischen Seldschuken überrannt wurde.

Zusätzliche Information

Das Fest *Agios Nikólaos* am 6. Dezember schließt das traditionelle *giórti*-Mahl ein. –

Der Heilige wird aus vielen verschiedenen Gründen angerufen, ist aber am berühmtesten als Schutzpatron der Seeleute und Fischer. Kein Wunder, dass er überall an den Küsten populär ist, nicht nur in Griechenland, sondern in vielen anderen Gegenden des Globus.

Wegen seiner Rolle als Patron der Seefahrt wird gelegentlich auf eine mögliche Verbindung zur antiken griechischen Mythologie hingewiesen, nämlich zu Poseidon, dem Gott des Meeres.

Führung durch die Kirche

Die Ikone des *Ágios Nikólaos* (Nr. 13) im *naós*, dem Kirchenschiff, zeigt den Heiligen im traditionellen Stil als älterer Mann mit Bart und ziemlich kahlem Kopf. Seine rechte Hand ist zu einer segnenden Geste erhoben, in der anderen Hand trägt er die Bibel als Symbol seiner Verantwortung als Bischof. Die Hände wie auch der Heiligenschein sind mit Silberblech überzogen – ein Hinweis auf seine Verdienste als Fürsprecher. Die auffallende Stola um seine Schultern mit den schwarzen Kreuzen ist das *omophórion*, noch heute zur Tracht der orthodoxen Bischöfe gehörig. Der Name des Heiligen ist über seinem Kopf angegeben.

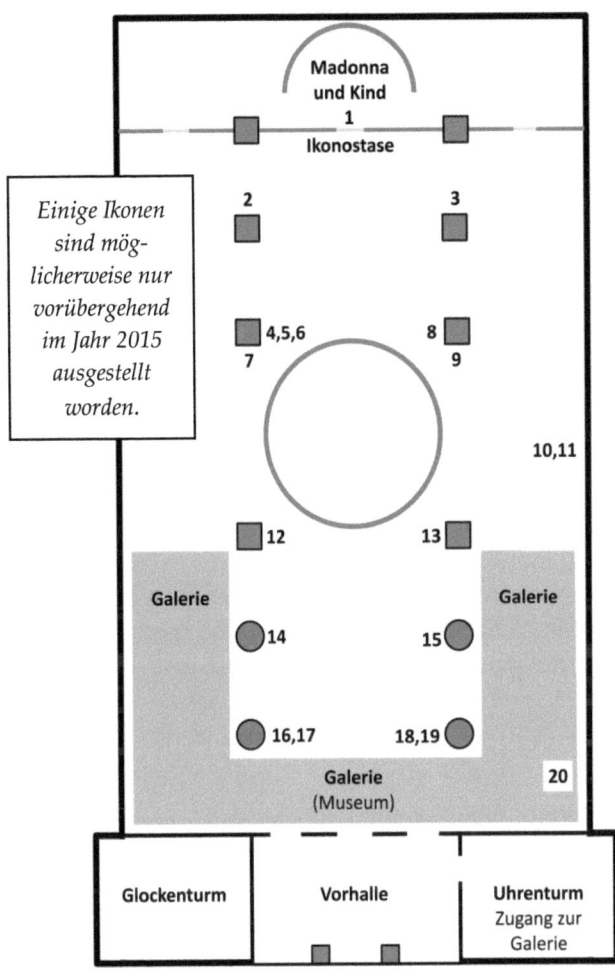

Madonna
und Kind
1
Ikonostase

Einige Ikonen sind möglicherweise nur vorübergehend im Jahr 2015 ausgestellt worden.

2   3

4,5,6   8
7   9

10,11

12   13

Galerie   Galerie

14   15

16,17   18,19

Galerie   20
(Museum)

Glockenturm   Vorhalle   Uhrenturm
Zugang zur
Galerie

1 Heilige Tür	8 Thron des Erzbischofs	15 Ag. Fanoúrios
2 Ag. Giórgios von Samos	9 Ag. Kyrylýmpos	16 Entschlafung Mariens
3 Ag. Fanourios	10 Weihwasser	17 Die Heiligen von Samos
4 Kanzel	11 Symbol. Grab Christi	18 Ag. Nikólaos
5 Ag. Konstantínos + Eléni	12 Ag. Pandeleímon	19 Ag. Sozon (?)
6 Heilige Maria	13 Ag. Nikólaos	20 Kerzen-Kamin
7 Ag. Elefthérios	14 Ag. Anna	

...

Die *Nikólaos*-Ikone soll 1909 von einem Mönch auf dem Berg Athos gemalt worden sein. Weil der Kirchenbau damals zum Erliegen gekommen sei, habe ein angesehener Bürger von Kokkari das Bild 30 Jahre lang in seinem Privathaus aufbewahrt.

In das marmorne Postament der *Nikólaos*-Ikone ist die Jahreszahl „1939" eingemeißelt. Zahlreiche silberne Votivtäfelchen sind von dankbaren Menschen gespendet worden, deren Bittgebete erhört worden sind.

Einige andere Punkte, die Beachtung verdienen:

- Das symbolische Grab Jesu Christi (11).

- Die silbern überzogene Ikone der Entschlafung der *Panagía* von 1846 (16).

- Die Ikone des *Agios Lefthérios* oder *Elefthérios* (7). Wie die Votivgaben vermuten lassen, ist er wohl der Heilige, an den sich junge Männer oder Frauen wenden, die auf der Suche nach einem guten Ehepartner sind. Auch hier sind der rechte Unterarm und die Hand mit Silberblech überzogen wie auch der Heiligenschein.

- Der vergoldete doppelköpfige Adler unterhalb dieser Ikone (7), mit Zepter, Erdapfel und Krone. Dies war das Symbol des Byzantinischen Reiches im Mittelalter. Es ist als Symbol der griechisch-orthodoxen Kirche fortgeführt worden. Wenn es als Flagge verwendet wird, ist der Adler schwarz auf goldenem (tatsächlich gelbem) Grund dargestellt.

- Die zahlreichen *kathísmata* (Chorstühle) rundum an den Wänden, ein jeder gekauft oder gepachtet von einem Gemeindemitglied; der Name ist am Rückenteil angeschlagen.

- Das merkwürdige kaminartige Möbelstück mit dem Zweck, die Sicherheit der angezündeten Kerzen zu gewährleisten (20).
- Die vielen farbenfrohen Fresken an den Wänden und auch in der Kuppel mit ihrem geheimnisvollen Licht.

Von der Vorhalle führt eine Treppe im Uhrenturm zu einer geräumigen Galerie über dem hinteren Hauptschiff und den Seitenschiffen. Sie beherbergt ein kleines Heimatmuseum, das *Pápa Giórgos* dort gesammelt hat.

Nikolaus und seine Doppelgänger

In der westlichen Christenheit ist Nikolaus von Myra einer der populärsten Heiligen im katholischen Bereich. Aber auch auf der protestantischen Seite erntet er mehr als nur höfliche Aufmerksamkeit – vor allem die Kinder lieben ihn als heimlichen Überbringer von Gaben. In dieser Rolle ist er in den Niederlanden als *Sinterklaas* bekannt und in den USA als *Santa Claus* oder kurz *Santa*.

In Westfalen, der Heimat des Autors, freuten wir Kinder uns Anfang Dezember auf den Stutenkerl, ein Gebäck aus süßem Hefeteig in der Form eines Männchens mit Rosinenknöpfen und einer weißen Tonpfeife.

Wenn St. Nikolaus in Person erschien, um gute Kinder zu belohnen, dann war er oft vom schwarzen Knecht Ruprecht mit der bedrohlichen Birkenrute begleitet.

Die Figuren von *Father Christmas* in den USA oder Väterchen Frost in Russland sind weltliche Wiedergänger. Ein moderner Mythos will wissen, dass der alte Mann mit dem weißen Bart und dem roten Mantel eine Erfindung der Coca-Cola-Werbung sei. Aber die Hersteller der zuckrigen Brause sind einfach nur auf eine Tradition aus der Alten Welt aufgesprungen, die schon viele, viele Jahrhunderte alt ist. Ho ho ho!

4. Ágios Athanásios & Tímios Stavrós
(St. Athanasius & Heiliges Kreuz), Friedhofskapelle

N037°46.697' E026°53.243' // 3m // Karte ▷ S. 155

Der heutige Friedhof an der Südseite der Strandstraße umgibt eine Doppelkapelle. Die linke Seite ist St. Athanasios geweiht, die rechte dem Heiligen Kreuz.

Das Innere der beiden Räume ist wohlgepflegt und zum Empfang der Trauernden entsprechend hergerichtet. In der geräumigen Vorhalle mit ihren drei Säulen kann sich die Trauergemeinde sammeln. Beim näheren Hinsehen sind hier einige Jahrhunderte alte Säulen und Reliefsteine zu entdecken.

Άγιος Αθανάσιος Αλεξανδρείας (Αθανάσιος ο Μέγας)

St. Athanasios von Alexandria, auch „Athanasios der Große" genannt, wurde einige Jahre vor 300 geboren und starb 373. Seine Name *Athanásios*, „der Unsterbliche", spiegelt den Glauben wider, dass die Toten am Jüngsten Tage zu ewigem Leben auferstehen werden, erlöst durch Christi Tod am Heiligen Kreuz.

Der Heilige wuchs auf in Alexandria, Ägypten, wo seine Erziehung griechische Bildung und das Studium der Heiligen Schrift verband. Als Sekretär des Patriarchen Alexander von Alexandria begleitete Athanasios ihn zum ersten Konzil von Nizäa und wurde einer der leidenschaftlichsten Verfechter der Lehre von der Heiligen Dreifaltigkeit gegen den Arianismus. Vielleicht hatte er sogar einigen Einfluss auf die Formulierung des Nizänischen Glaubensbekenntnisses (▷ S. 73). Im Jahre 328 wurde er selbst Patriarch von Alexandria und fuhr fort, Häresie und Kirchenspaltung zu bekämpfen. Sein aufbrausender Charakter schuf ihm viele kirchliche und weltliche Feinde: Fünfmal wurde er von einem Kaiser verbannt, einige Male mehr musste er aus Alexandria fliehen, um sein Leben zu retten. Aber auch er selbst konnte in seinem Eifer für die Rein-

heit des Glaubens ein unerbittlicher Feind jedes vermuteten heidnischen oder häretischen Widerstands sein.

Wegen seiner theologischen Schriften wird Athanasios
unter die Kirchenväter gezählt. Er ist auch bekannt
wegen eines Briefes aus dem Jahre 367, der erstmals die
Liste der 27 Bücher des neuen Testaments enthält, also
den Kanon der Schriften, wie wir ihn heute kennen.

Der Heilige war ursprünglich in Alexandria begraben
worden, aber seine Überreste wurden später nach
Venedig überführt.

Ύψωσις του Τίμιου Σταυρού

Das Fest „Kreuzerhöhung" erinnert an die Auffindung
des Heiligen Kreuzes durch Helena, die Mutter des
Kaisers Konstantin des Großen, im Jahre 325.

Die Legende erzählt, dass sie nach Jerusalem gekommen sei, um die Spuren vom Leben und Tod Jesu
Christi zu suchen. Unter dem Tempel der römischen
Göttin Venus auf dem Hügel von Golgota wurde eine
Grabhöhle geöffnet. Darin wurden drei hölzerne Kreu-
ze gefunden sowie die Inschrift des Pontius Pilatus:
„Jesus von Nazareth, König der Juden". Aber nur eines
konnte das wahre Kreuz sein, die anderen mussten die
der Schächer sein, die mit Christus gekreuzigt worden
waren. Kurzerhand entschloss man sich zu einem Test:
Ein Kreuz nach dem anderen wurde auf eine kranke
Frau gelegt. Beim ersten und zweiten geschah nichts,
aber als das dritte sie berührte, wurde sie auf der Stelle
gesund. Sogar ein verstorbener Mann wurde auf diese
Weise ins Leben zurückgerufen. Da eine große Volks-
menge anwesend war, wurde das dritte Kreuz hoch
erhoben, damit jeder es verehren konnte.

Kaiser Konstantin ließ an genau dieser Stelle eine Basilika bauen. Sie existiert noch heute: die Grabeskirche, oder, wie die Orthodoxe Kirche sie nennt, die „Kirche der Auferstehung", *Naós tis Anastáseos*.

Die Überlieferung besagt, dass das „wahre Kreuz" der Hl. Helena bald in mehr und mehr Splitter aufgeteilt wurde. Im Lauf der Jahrhunderte haben Kirchen und Klöster überall in der christlichen Welt den Anspruch erhoben, ein Partikel des Heiligen Kreuzes zu besitzen, oft das Ziel von Pilgern und Wallfahrern. Das größte bekannte Fragment, ungefähr ein Kubikdezimeter (also umgerechnet ein Würfel von 10 cm Kantenlänge) soll im Kloster *Koutloumousíou* auf dem Berg Athos aufbewahrt werden.

Zusätzliche Information

St. Athanasios wird als Helfer gegen Kopfschmerzen angerufen. In der orthodoxen Christenheit ist sein Fest am 18. Januar, in der westlichen am 2. Mai.

Das Heilig-Kreuz-Fest wird am 14. September als strikter Fast- und Bußtag begangen. Es wird auch im katholischen Kirchenkalender unter diesem Datum geführt.

Wenn der Friedhof rund um die Doppelkapelle recht klein erscheint, dann ist dies aus der Gepflogenheit zu erklären, ein Grab nach ungefähr einem halben Dutzend Jahren erneut zu nutzen. Dennoch ist nicht zu leugnen, dass die Anordnung der Grabstätten ziemlich beengt wirkt.

Die gesamte Friedhofsanlage wird von der Gemeinde verwaltet, wobei die beiden Kapellen zusätzlich von einigen Nachbarfamilien betreut werden.

Kapellen in Dorfnähe

5. Panaítsa (St. Marien) in Taliáni

N037°46.637′ E026°53.060′ // 6m // Karte ▷ S. 155

Beiname: *Zoodóchos Pigí* („Leben spendende Quelle"
oder „Leben spendendes Wasser").

Die Kapelle, der *Panagía*, der „all-heiligen" Jungfrau
und Gottesmutter Maria geweiht, ist vielleicht die
kleinste, gewiss aber eine der schönsten um Kokkari.
Sie verdient den liebevollen Beinamen *Panaítsa*, „kleine

Maria", mit vollem Recht. In der *Taliáni*-Nachbarschaft gelegen, wird sie von der Familie *Stavráki-Papourtzí* betreut, die letzthin durch Renovierung ein echtes Schmuckstück daraus gemacht hat.

Der Zugang zur Kapelle ist etwas ungemütlich, weil er eine kurze Strecke entlang der Umgehungstraße führt. Der Eingang wird von den Glockenpfeilern überragt und öffnet sich zu einem winzigen Vorplatz, wie zu einem Blumengarten. Die Tür in der Seitenwand ist ungewöhnlich, aber in diesem Falle eine passende Lösung.

Ζωοδόχος Πηγή

Die alte Legende von der „Leben spendenden Quelle" berichtet, dass im Jahre 450 ein römischer Soldat namens Leo Marcellus an einem Wäldchen außerhalb der Mauern von Konstantinopel entlangging, als er einen Blinden traf, der sich verirrt hatte und durstig war. Also suchte Leo nach Wasser. Plötzlich hörte er die Stimme einer Frau, die ihn zu einer Quelle in dem Hain führte und ihm auftrug, nicht nur Wasser zu schöpfen, sondern auch eine Handvoll Schlamm mitzunehmen und auf die Augen des Blinden zu streichen. Und der Mann erhielt auf der Stelle sein Augenlicht zurück, wie die Stimme versprochen hatte.

Leo wurde im Jahre 457 als Leo I. byzantinischer Kaiser. Er schrieb die Stimme der Heiligen Maria zu und ließ eine prächtige Kirche an jenem Ort bauen. Die Quelle wurde bald berühmt wegen ihrer Wunderheilungen, und durch die Fürsprache der *Theótokos*, der Gottesmutter, ereigneten sich sogar Wiedererweckungen von Toten – daher der Name „Leben spendendes Wasser".

Das Innere des Gebäudes mit seinen weißen Spitzen-vorhängen ist sehr sauber gehalten und mit frischen Blumen geschmückt. Den Boden bedeckt ein selbst-gewebter Flickenteppich, während unter den wohl-proportionierten Dachsparren ein üppig vergoldeter Kronleuchter die Aufmerksamkeit auf sich zieht. Viel-leicht gibt es einen Zusammenhang mit der Gedenk-tafel für den 2008 gestorbenen „Nicholas Michael Perris"?

Den Beinamen *Zoodóchos Pigí* illustriert eine Ikone: Sie zeigt die Madonna mit dem Kind auf dem Arm in einem marmornen Becken sitzend, aus dem das „Wasser des Lebens" auf die Welt hinab strömt. Eine Querverbindung zum traditionellen Taufbecken liegt auf der Hand.

Das Fest *Zoodóchos Pigí* wird am „Lichten Freitag", dem Freitag nach Ostern, mit einem Gottesdienst am Nach-mittag oder am folgenden Tag gefeiert.

6. Agía Triáda (Heilige Dreifaltigkeit) in Triáda

N037°46.528' E026°53.258' // 20m // Karte ▷ S. 156

Die Kapelle soll 150 bis 200 Jahre alt sein. Sie ist örtlichen Quellen zufolge auf antiken Fundamenten errichtet und zu früheren Zeiten heimlich als Schule benutzt worden. Ursprünglich habe sie eine Kuppel gehabt, aber wegen Feuchtigkeit habe man die Dach-konstruktion in der jetzigen Form restaurieren müssen. Trotzdem ist das hohe Gewölbe über dem schmalen Kirchenschiff immer noch eindrucksvoll. Über dem Giebel erhebt sich ein Glockentürmchen.

 Das vom Alter gezeichnete Relief rechts vom Eingang ist eine traditionelle Skulptur des Heiligen Geistes in der Form einer Taube, die sich vom Himmel herabsenkt. Leider ist der Kopf zerstört, sodass es einiger Fantasie bedarf, das Symbol zu erkennen.

Αγία Τριάδα

Die theologische Lehre von der Heiligen Dreifaltigkeit, wie sie die frühen Kirchenväter ausgearbeitet hatten, wurde verbindlich formuliert durch das Konzil von Nizäa im Jahre 325. Das Nizänische Glaubensbekenntnis griff das auf, was schon die ersten Christen bekannt hatten: „Wir glauben an den einen Gott, den allmächtigen Vater ... und an den einen Herrn Jesus Christus, den Sohn Gottes ... und an den Heiligen Geist."

Zusätzliche Information

Die Ikonostase mit nur zwei Ikonen wirkt auf den ersten Blick recht nüchtern, aber sie weist einige hübsche, wenn auch unauffällige Stuckverzierungen auf. Die Ikone rechts zeigt die Heilige Dreifaltigkeit: den Vater, den Sohn und den Heiligen Geist. Solche Ikonen sind eher selten, denn das Zweite Konzil von Nizäa (787) schloss die Darstellung Gottes des Vaters in Ikonen grundsätzlich aus mit dem Argument, dass er unsichtbar sei und nicht bildlich wiedergegeben werden könne. Und eine Darstellung des Heiligen Geistes galt ohnehin als völlige Unmöglichkeit.

Gleichwohl präsentiert die Ikone in dieser Kapelle Gottvater als alten Mann mit grauem Bart und einem Heiligenschein mit drei charakteristischen Auswüchsen, dazu Jesus Christus als jungen Mann mit einem Buch, dem Heiligen Evangelium, und schließlich den Heiligen Geist, der über ihnen schwebt in der Gestalt einer Taube.

Im griechisch-orthodoxen Kalender wird das Dreifaltigkeitsfest am Pfingstmontag gefeiert, fünfzig Tage nach Ostern.

Den Auftakt bildet ein Abendgottesdienst in der festlich geschmückten Kapelle am Pfingstsonntag. Es folgt die Vorbereitung des traditionellen *giortí*-Mahls. Am Montagmorgen beginnt der Gottesdienst um 8 Uhr, und anschließend wird das *giortí* ausgeteilt.

Die Kapelle wird von der Familie *Tserépas* betreut. –

Die Verehrung der Heiligen Dreifaltigkeit ist eng verknüpft mit dem Kreuzzeichen. Zwischen der östlichen und der westlichen Christenheit besteht ein interessanter Unterschied in der Art und Weise, wie das Kreuzzeichen ausgeführt wird. Ein römischer Katholik beispielsweise führt seine offene rechte Hand

74

zur Stirn, zum unteren Brustkorb, zur linken und zur rechten Schulter. Ein orthodoxer Grieche bringt Daumen, Zeigefinger und Mittelfinger der rechten Hand zusammen, um die Dreifaltigkeit zu symbolisieren, und drückt die anderen beiden Finger gegen die Handfläche. Er beginnt ebenfalls mit Stirn und Brust, fährt dann aber mit der rechten Schulter fort, bevor er zur linken wechselt.

7. Metamórfosis (Verklärung Christi) in Sotíros

N037°46.360′ E026°53.616′ // 25m // Karte ▷ S. 156

Obwohl die Kapelle in der Nähe des Dorfes liegt, ist sie recht versteckt. Man kann sie nur über die schmale Straße erreichen, die hinter dem Fußballplatz südlich der Umgehungsstraße aufwärts führt.

Μεταμόρφωσης του Σωτήρος

Über die „Verklärung des Erlösers" berichten die Evangelien (Matthäus 17, Markus 9, Lukas 9) Folgendes:

Jesus nahm seine engsten Jünger, Petrus, Jakobus und Johannes, mit sich auf den Gipfel eines hohen Berges. Plötzlich wurde er vor ihnen verklärt: „Sein Angesicht leuchtete wie die Sonne, und seine Kleider wurden weiß wie das Licht." Dann erschienen Moses und der Prophet Elias, und Jesus begann mit ihnen zu sprechen. Zuerst waren die Jünger verwirrt, aber dann bot Petrus an, drei Hütten für Jesus und die beiden Propheten zu bauen. Er wurde unterbrochen von einer Stimme von oben, die sagte: „Dies ist mein lieber Sohn, an welchem ich Wohlgefallen habe. Den sollt ihr hören." Die Jünger fielen benommen zu Boden. Als Jesus sie berührte und sie aufsahen, waren Moses und Elias verschwunden.

Auf dem Wege abwärts gebot Jesus den dreien, über ihr Erlebnis nicht zu sprechen, bevor er von den Toten auferstanden sei – eine Mahnung, die sie zu diesem Zeitpunkt nicht verstanden.

Zusätzliche Information

Die Kapelle wirkt von der Architektur her recht nüchtern. Die Ikonostase unter dem hohen Gewölbe ist aus dunklem Holz. Die Verklärungs-Ikone mag ein wenig enttäuschen, aber links ist eine bemerkenswerte Ikone

von der Geburt der Hl. Maria.

Das Fest *Metamórfosis tou Sotíros* („Verklärung des Erlösers") wird am 6. August begangen mit einem Gottesdienst und dem traditionellen *giortí*-Mahl, allerdings mit Kichererbsen statt mit Fleisch zubereitet. –

Die Kapelle wurde 1932 restauriert ($\alpha\nu\omicron\iota\kappa\omicron\lambda\omicron\mu\eta\theta\eta$), wie eine Gedenktafel außen anzeigt. Die *Exoklísia* hingegen sagt, es sei 1936 gewesen, und fügt hinzu, dass es durch eine Spende von *Ioánnis Elissavítis* ermöglicht worden sei. Heute wird das Gebäude von der Familie *Zográfos* betreut. Im September 2014 wurde es renoviert. – Der Name der kleinen Nachbarschaft, *Sotíros*, ist von der Kapelle abgeleitet.

8. 'Ágioi Paraskeví & Dimítrios (St. Paraskevi & Demetrius) im ΔEH-Kraftwerk

N037°46.518' E026°54.005' // 14m // Karte ▷ S. 156

Dies ist eine der interessantesten Kapellen im Umfeld von Kokkari wegen der Doppelanlage, mit zwei neben einander angeordneten Kirchenschiffen, wie bei dem Gegenstück auf dem Friedhof (▷ S. 66). Leider befindet sie sich auf dem Gelände des ΔEH-Kraftwerks, sodass sie normalerweise nicht öffentlich zugänglich ist.

Eines der Kirchenschiffe ist der *Agía Paraskeví* geweiht, das andere dem *Agios Dimítrios* (▷ S. 82, ▷ S. 110).

Das Fest *Agía Paraskeví* wird am 26. Juli gefeiert, und die Autoren der *Exoklísia* versichern, dass es dann ein traditionelles *giortí*-Mahl gebe. Das wäre eine Gelegenheit, einen Blick in die sonst unerreichbaren Kapellen zu werfen. Ob ein ähnliches Fest zu Ehren des *Ágios Dimítrios* am 26. Oktober stattfindet, hat sich noch nicht klären lassen.

Die Kapellen werden von den Beschäftigten der *ΔEH*-Werkstätten betreut, die ihren Stolz darin setzen, sie in gutem Zustand zu halten.

Kapellen in den südöstlichen Außenbezirken

Der beste Einstieg in dieses Gebiet ist das Sträßchen nahe der Tankstelle in Richtung *Vathí* (Samos-Stadt), 100 Meter hinter der Einmündung der Dorfstraße in die Umgehungsstraße.

9. Panaítsa (St. Marien) in Lagáda

N037°46.160' E026°53.845' // 117m // Karte ▷ S. 157

Beiname: *Zoodóchos Pigí* („Leben spendende Quelle").

Diese Kapelle in der Nachbarschaft *Lagáda*, mit ihrem Glockentürmchen über dem Giebel, aber ohne Glocke, und mit ihrem altertümlichen niedrigen Gewölbe, ist der *Panagía* geweiht, der „all-heiligen" Jungfrau und Gottesmutter Maria, und trägt auch den Beinamen *Panaítsa*, „kleine Maria".

Zwei *Zoodóchos-Pigí*-Ikonen zeigen die Madonna mit dem Kind auf dem Arm in einem marmornen Becken sitzend, von dem sich das „Wasser des Lebens" hinab auf die Welt ergießt (▷ S. 71).

Das Fest *Zoodóchos Pigí* wird am „Lichten Freitag" gefeiert, dem Freitag in der Osterwoche. Am Vorabend kommen die Besucher an der Kapelle zusammen, wo das traditionelle *giortí*-Mahl (▷ S. 45) zubereitet wird.

Betreut wird die Kapelle von den Familien *Tsivanáki* und *Iatroú*.

Bevor Sie den Innenraum verlassen, werfen Sie einen Blick auf das moderne Gemälde des Letzten Abendmahls über dem Ausgang. Haben einige einheimische Männer dem Maler Modell gestanden? Auch die beiden Bediensteten verlagern die Szene sozusagen in eine griechische Taverne.

10. Panagía (St. Marien) in Lemós

N037°46.265′ E026°53.938′ // 66m // Karte ▷ S. 157

Beiname: *Zoodóchos Pigí* („Leben spendende Quelle").

Die Kapelle liegt ruhig unter einigen Zypressen in der Nachbarschaft *Lemós* am Wege aufwärts nach *Vígles* und ist der *Panagía*, der „All-Heiligen", geweiht. Sie wurde laut einer Inschrift über der Tür 1908 erbaut. Die Säulenstümpfe, einer an jeder Seite der Fassade, gehen möglicherweise auf eine frühere Kapelle an diesem Standort zurück, vielleicht sogar auf eine antike Kultstätte.

Das Innere ist einfach gestaltet, erhält aber durch die Balkendecke eine warme Farbe. Die Gedenktafel an der Ikonostase lautet übersetzt: „Die Renovierung der Kapelle fand 2003 statt zum Gedenken an Andrea Lymberi. Gestiftet von Simon Rekk."

Das Fest *Zoodóchos Pigí* wird am „Lichten Freitag" gefeiert, dem Freitag nach Ostern (▷ S. 71).

Die Kapelle wird betreut von den Familien *Gékis* und *Chatzinikólaos*.

11. Agía Paraskeví (St. Paraskevi) in Vígles

N037°45.788' E026°54.318' // 157m // Karte ▷ S. 157

In der Nachbarschaft *Vígles* gelegen, auf einen geräumigen Sockel aufgesetzt und von einer Art Glockenturm begleitet, ist die Kapelle eine der eindrucksvollsten ringsum. Von der Steinbank unter dem Vordach eröffnet sich ein fantastischer Blick über einige niedrige Hügel hinweg auf die Gipfel von *Karvoúnis* und *Lazárou*.

Αγία Παρασκευή, παρθένα και μάρτυρας

St. Paraskeví, „Jungfrau und Märtyrin", erlitt ihr Martyrium um 170 n. Chr., angeblich am Ufer des Flusses Acheron nahe dem Kloster *Agía Paraskevi* in Thesprotia, Epirus. Ihr Name bedeutet „Freitag" – und der Legende nach wurde sie in der Tat an einem Freitag geboren. Oder bezieht sich der Name auf die ursprüngliche Bedeutung des griechischen Wortes παρασκευή, „Vorbereitung", in diesem Falle Vorbereitung auf den Tag des Herrn?

Geboren nahe Rom von christlichen Eltern, wurde ihr eine gute Bildung zuteil. („Gut vorbereitet": ein anderer Fingerzeig auf ihren Namen?) Als junge Frau wies sie

Heiratsanträge zurück, verkaufte ihr Erbe und begann zu reisen, um das Evangelium zu verkünden, wo immer sie hingelangte.

Einmal, als sie nach Rom zurückgekehrt war, wurde sie beim Kaiser Antoninus Pius denunziert. Weder Drohungen noch Versuchungen konnten sie umstimmen, also wurde sie gefoltert. Als sie sogar in einer siedenden Mischung von Öl und Teer unversehrt blieb, näherte der Kaiser sich dem Kessel und erblindete auf der Stelle von dem heißen Dampf. Aber Paraskevi  heilte ihn im Namen Jesu Christi. Antoninus brach fortan die Verfolgung der Christen ab.

Unter seinem Nachfolger jedoch flammte die Verfolgung wieder auf. Auf einer Missionsreise wurde Paraskevi erneut verhaftet und vergeblich neuen Foltern unterzogen. Schließlich wurde sie enthauptet. Ihre Überreste wurden später nach Konstantinopel übertragen.

Zusätzliche Information

Im Sommer 2014 wurde der blassrosa Farbton der Ikonostase durch ein schlichtes Weiß ersetzt.

In der Ikone wird St. Paraskeví in traditioneller Weise als ernst blickende junge Frau in einem dunklen Übergewand dargestellt. In einer Hand hält sie ein Kreuz, in der anderen einen kleinen Kessel, aus dem voller Entsetzen zwei Augen starren.

Das Fest der Heiligen wird am 26. Juni gefeiert, mit einem Gottesdienst am Vorabend und der Vorbereitung des *giortí*-Mahls (▷ S. 45). Am Tage selbst ist eine große Zahl von Leuten anwesend.

Die Kapelle wird betreut von der Familie *Gékis*. –

Die Hilfe der Hl. Paraskevi wird angerufen von Menschen, die an Krankheiten oder Verletzungen leiden, besonders bei Augenbeschwerden oder gar Blindheit. In der westlichen Christenheit hat ihre Verehrung nie Fuß fassen können, obwohl ihr Name in der Form „Parasceva" nicht unbekannt ist. Die Rolle als Schutzpatronin des guten Augenlichts ist der Hl. Ottilie vom Elsass anvertraut.

12. ´Agios Dimítrios (St. Demetrius) in Vígles

N37°45.788′ E26°54.685′ // 175m // Karte ▷ S. 157

Diese Kapelle in der Nachbarschaft *Vígles* ist nicht leicht zu finden

hinter den Ruinen einer alten Siedlung. Wo der überwachsene Fahrweg aufhört, muss man den Fußpfad nach links und dann wieder nach rechts aufspüren, wie undeutlich er auch sein mag. Man wird belohnt durch einen atemberaubenden Blick auf das *Ambelos*-Bergmassiv.

Das Gebäude selbst ist einfach. Eine Besonderheit ist der Balken quer durch den Raum vor der Ikonostase; er stabilisiert die Wände und trägt auch die Lampen. (Weitergehende Information über St. Demetrius ▷ S. 110.)

Das Fest des Heiligen ist am 26. Oktober. Die Kapelle wird betreut von der Familie *Theodóros*.

13. Panagía (St. Marien) in Vígles

N037°45.730' E026°54.790' // 186m // Karte ▷ S. 157

Beiname: *Isódia tis Theotókou* („Eintritt der Gottesgebärerin"), in der westlichen Christenheit bekannt als Darstellung Mariens im Tempel oder Mariä Tempelgang.

Obwohl es scheint, als könne man diese abgelegene kleine Kapelle nur über kultiviertes Land erreichen, gibt es tatsächlich einen Fußpfad: Von der breiten Lücke in der niedrigen Hecke wendet man sich nach links, um den nun rechter Hand liegenden Weingarten zu umgehen. Die Wände aus Bruchstein müssen kürzlich repariert worden sein.

Εισόδια της Θεοτόκου

Die Darstellung der Hl. Maria im Tempel zu Jerusalem wird nicht im Neuen Testament berichtet, sondern in dem apokryphen „Jakobus-Evangelium":

Marias Eltern, Joachim und Anna, waren nach vielen Ehejahren noch immer ohne Kinder. Kinderlosigkeit wurde als ein Zeichen von Gottes Missfallen angesehen, und so fastete und betete Joachim schließlich 40 Tage in der Wüste, bis ihm und auch seiner Frau Engel erschienen und ihnen ein Kind verhießen.

Wenn eine ältere Frau, die schon die Hoffnung aufgegeben hatte, doch noch schwanger wurde, dann, so glaubte man, sei das Kind zu großen Dingen berufen. Deshalb gelobten die Eltern, Maria zu einem gottesfürchtigen Leben zu erziehen. Als ihre Tochter zwölf Jahre alt war – andere Versionen sagen: im Alter von drei Jahren – brachten sie das Mädchen zum Tempel in Jerusalem, um es dort weiterbilden zu lassen. Auf diese Weise, so ist die Legende wohl zu deuten, sei Maria auf ihre Rolle als Gottesmutter vorbereitet worden.

Zusätzliche Information

Zweimal im Jahre 2014 wurde der Autor im Innern von einer neugierigen, aber doch auch vorsichtigen kleinen

Eidechse begrüßt, die herabspähte von der Auflage der Sparren auf die Wand.

Das Innere der Kapelle muss vor einiger Zeit renoviert worden sein, aber die Spinnweben sprechen nicht für eine regelmäßige Betreuung. Einige der Ikonen weisen einen modernen Stil auf, z.B. *Agios Nektários*, aber ein sehr altes Gemälde ist in der Ikonostase erhalten. Es ist recht unauffällig, weil die Farben abgeblättert oder verblichen sind. Gemalt ist es auf einen ungewöhnlichen Untergrund – nicht auf eine rechteckige Holztafel, sondern auf eine dünne, im oberen Bereich halbkreisförmige Platte wohl aus keramischem Material.

Das Foto ist überarbeitet worden, um das weiße Objekt in der Mitte hervorzuheben.

Ein näherer Blick auf das Gemälde lässt auf das Innere eines Tempels schließen – zweifellos der Tempel von Jerusalem. Der Hohepriester steht rechts, vor ihm kniet das Kind Maria. Ihre Eltern, an ihren Heiligenscheinen zu erkennen, stehen links von dem weißen Gegenstand in der Mitte.

Für dieses weiße, wie ein Kelch geformte Objekt ist keine einfache Erklärung zur Hand. In anderen Ikonen dieser Szene scheint es nichts Vergleichbares zu geben. In Anbetracht des Schauplatzes, also des Tempels zu Jerusalem, müsste es eine bestimmte rituelle Bedeutung haben. Die Schaubrot-Tische? Der Brandopfer-Altar? Oder ist mit dem plumpen Umriss vielleicht das Eherne Meer gemeint, ein großes Bronzebecken im Vorhof des Tempels, das von den Priestern zur rituellen Reinigung benutzt wurde? In diesem Falle würde es in die Ikone einen symbolischen Beiklang von Reinheit einbringen – und damit eine Eigenschaft, die der Jungfrau Maria von jeher zugeschrieben wird.

Dem biblischen Bericht über den Tempel Salomons zufolge (1 Könige 7, 23-26) glich das Eherne Meer einem riesigen Kelch oder einer Lilienblüte aus Bronze, ungefähr 5 m im Durchmesser und 2,5 m hoch, mit einem Fassungsvermögen von etwa 90 Kubikmetern. Es ruhte auf zwölf lebensgroßen Ochsen vom gleichen Material, sodass der Rand mindesten 4 Meter über dem Grund gelegen haben dürfte. Es ist nicht ganz klar, ob die Reinigungs-Zeremonie der Priester eine Ganz-waschung bedeutete oder nur das Waschen von Hän-den und Füßen, wie in Exodus 30, 17-21 vorge-schrieben. In jedem der beiden Fälle ist es nicht sehr wahrscheinlich, dass dies vom Rand aus geschah, und sicherlich nicht durch völliges Eintauchen. Vielmehr dürfte das Wasser zum Waschen oder Baden durch einen Überlauf geliefert worden sein.

Diese Einzelheiten offenbaren eine überraschende Querverbindung zu der Art und Weise, wie in den *Zoodóchos-Pigí*-Ikonen die Madonna dargestellt wird (▷ p. 72)! Und auch hier darf ein Zusammenhang mit dem Taufbecken vermutet werden.

Das Fest *Isódia tis Theotókou* wird am 21. November gefeiert. Die Kapelle wird von der Familie *Theodóros* betreut. –

Die *Exoklisia*-Autoren geben dieser *Panagía* den Beinamen *Spiliani*. Drei Wegweiser in den Nachbarschaften *Lagáda* und *Pournára* beweisen jedoch sehr deutlich, dass dieser Beiname der auf ▷ S. 93 beschriebenen *Panagía* zukommt.

14. 'Agios Ioánnis Pródromos (St. Johannes Baptist) in Vígles

N037°45.677′ E026°54.790′ // 191m // Karte ▷ S. 157

Im obersten Bereich von *Vígles* bewachen zwei hohe Zypressen den Zugang zu einer einfachen Bruchsteinkapelle. Sie erinnert an die Enthauptung des Hl. Johannes des „Vorläufers", im Westen als Johannes der Täufer bekannt.

Die Inschrift „1914" über der Tür besagt wohl, dass die Kapelle in jenem Jahr erbaut wurde. Die Wände sind aus rauem Stein, aber jedes Fenster ist hübsch mit roten Ziegeln eingefasst. Das einfache Dach aus Faserzement schützt die hölzerne Flachdecke innen. Die Glocke ist an einer der Zypressen befestigt.

Άγιος Ιωάννης Πρόδρομος

Den Evangelien zufolge war St. Johannes der Täufer mit Jesus Christus verwandt (Markus 6; Matthäus 14). Als junger Mann zog er sich in das unfruchtbare Bergland zwischen Jerusalem und dem Toten Meer zurück, trug grobe Kleidung aus Kamelhaar und lebte von Heuschrecken und wildem Honig. Später begann er zu predigen, wobei er von sich selbst sprach als von der „Stimme eines Rufers in der Wüste: Bereitet den Weg des Herrn." Daher sein Name *Pródromos*, „Vorläufer".

Viele Menschen kamen zum Ufer des Jordan, um Buße zu tun und sich von dem neuen Propheten taufen zu lassen. Unter ihnen machte sich auch Jesus auf den Weg zum Jordan. Seine Taufe gipfelte in dem Moment, als eine Stimme vom Himmel ihn als den Sohn Gottes offenbarte.

Als Johannes einige Monate später König Herodes wegen seiner Heirat mit Herodias des Inzestes beschuldigte, wurde er ins Gefängnis geworfen. Eines Tages feierte Herodes ein Fest, und als seine Stieftochter Salome vor ihm und seinen Gästen tanzte, versprach er, ihr einen Wunsch zu erfüllen. Unschlüssig fragte sie ihre Mutter Herodias, die ihr riet, den Kopf des Johannes zu fordern.

Die hölzerne Ikonostase in sattem Dunkelbraun enthält eine Sammlung von Ikonen in gleichem Stil. Eine davon zeigt recht drastisch, wie der hell gekleidete Henker einem jungen Mädchen (Salome) den Kopf des Hingerichteten auf einer Platte übergibt. Der Leichnam liegt auf der Erde, und im Hintergrund weidet sich eine Frau (Herodias) an dem Tod des Propheten.

Das Fest der Enthauptung des *Ioánnis Pródromos* wird am 29. August mit striktem Fasten begangen. Immerhin wird das *giortí*-Mahl ausgeteilt, jedoch in abgeänderter Form: Kichererbsen statt Fleisch.

Die Kapelle wird betreut von der Familie *Theodóros*.

Profítis Ilías auf dem Hügelkamm

Wer von der Johannes-Kapelle aus dem Weg weiter folgt und sich bei dem nächsten Wegdreieck nach links hält, erblickt rechter Hand bald auf einem steilen Hügelkamm eine Kapelle des Propheten Elias. Sie liegt zwar schon außerhalb der Pfarrei von Kokkari, aber ihre Lage ist einen Umweg wert. Von dort oben hat man auch einen guten Blick auf den merkwürdig geformten Pyramiden-Berg weiter östlich.

Kapellen in den südlichen Außenbezirken

Der kürzeste Zugang führt von der Pfarrkirche St. Nikolaus hinüber zum Dammweg des *Giánnides*-Baches, der die Umgehungsstraße bei dem Wasserkran mit der Windmühle kreuzt. Zehn Minuten später, wenn der Fahrweg anzusteigen beginnt, muss man auf den Fußpfad achten, der links abbiegt. Dieser *monopáti* läuft unterhalb von *Profítis Ilías* (▷ S. 101) entlang und erreicht schließlich den Fahrweg in Richtung *Mytilinií*.

15. Panagía (St. Marien) in Pournára

N037°45.357' E026°53.887' // 258m // Karte ▷ S. 156

Beiname: *Isódia tis Theotókou* („Eintritt der Gottesgebärerin"), in der westlichen Christenheit bekannt als Darstellung Mariens im Tempel oder Mariä Tempelgang.

Diese Kapelle ist die einzige, die außerhalb der Mulde von Kokkari liegt, gerade jenseits der Wasserscheide zum Nachbardorf *Mytilinií*. Als Nachbarschaft wird abwechselnd *Pournára* (*Prinára*?), *Katsélos* oder *Spilianí* angegeben. Vielleicht sind es drei Nachbarschaften, die an diesem Punkt zusammenstoßen?

Die „Spiliani"-Wegweiser in den Nachbarschaften *Lagá-da* und *Pournára* beweisen, dass dies die richtige *Panagía Spilianí* ist, obwohl die *Exoklísia* diesen Namen auch einer Kapelle in *Vígles* (▷ S. 85) zuordnet. Das Wort *spiliá* bedeutet „Höhle", „Grotte"; aber hier scheint nichts dergleichen vorhanden zu sein. Ebensowenig gibt es einen Anhaltspunkt für eine Querverbindung zu *Moní Spilianí*, einem Kloster in einer Höhle nahe *Pythagório*.

Das einfache Gebäude wird leicht übersehen, weil es sich unauffällig unter einige Zypressen duckt, unterhalb des Fahrweges durch *Pournára*. Die Tür mit einer hübschen Schnitzarbeit auf der Innenseite öffnet sich nach außen und wird durch einen davorgeschobenen Säulenstumpf geschlossen gehalten. Anscheinend ersetzt sie eine frühere Tür mit innen angebrachten Angeln.

Nähere Information zu *Isódia tis Theotókou* ist auf ▷ S. 86 zu finden.

Die Ikonostase unter der einfachen Deckenkonstruktion enthält eine Standarddarstellung der Tempelszene sowie eine bemerkenswerte Ikone des Hl. Fanourios (oben rechts).

Das Marienfest am 21. November ist sehr beliebt. Die Leute kommen in großer Zahl, um sich an dem traditionellen *giortí*-Mahl (▷ S. 45) zu beteiligen. – Die Kapelle wird betreut von der Familie *Geralídon*.

16. Ágios Ioánnis Apóstolos (St. Johannes Evangelist) in Karás

N037°45.528′ E026°53.501 // 214m // Karte ▷ S. 156

Die Kapelle in der Nachbarschaft *Karás* ist nicht leicht zu finden. Den besten Zugang bietet der „*Mytilinií*-Pass": Von Kokkari kommend, folgt man dort oben dem Fahrweg linker Hand den Hügelkamm entlang; nach 200 m wendet man sich links abwärts ins Tal. Nach weiteren 500 m taucht wiederum links die Kapelle hinter einem Zaun auf. Leider liegt sie auf Privatgrund, und das Tor ist oft verschlossen.

Ἅγιος Ἰοάννισ Ἀπόστολος

Seit der frühen Christenheit besagt die Überlieferung, dass der Apostel Johannes (der „Jünger, den Jesus liebte"), der Verfasser des vierten Evangeliums und der Autor der Geheimen Offenbarung ein und dieselbe Person sind. Seinen griechischen Beinamen *Theólogos* verdankt er der ersten Zeile des Evangeliums, das ihm zugeschrieben wird: „Im Anfang war das Wort, und das Wort war bei Gott, und Gott (*theós*) war das Wort (*lógos*)."

Johannes war ein enger Verwandter Jesu, einer seiner ersten Jünger und einer der zwölf Apostel. Er saß neben Jesus beim Letzten Abendmahl (Johannes 14) und war Augenzeuge der Kreuzigung auf Golgota, wo Jesus seine Mutter Maria seiner Fürsorge anvertraute (Johannes 19). Nach Pfingsten war er einer der Leiter der christlichen Gemeinde in Jerusalem.

Als Maria gestorben war, führten ihn seine Missionsreisen nach Ephesus, wo er das vierte Evangelium geschrieben haben soll sowie – während einer Verbannung auf die Insel Patmos – auch die *Apokálypsi*, die Geheime Offenbarung. Der Legende zufolge wurde er während einer Christenverfolgung verschiedenen Foltern unterzogen. Doch weder ein Becher mit tödlichem Gift noch das Eintauchen in siedendes Öl konnten ihm etwas anhaben. Es heißt, er sei der einzige Apostel gewesen, der eines natürlichen Todes starb.

Zusätzliche Information

Das sehr dunkle Holz der Decke kontrastiert mit den Wänden in einfachem Weiß. Die Ikone des Hl. Johannes stellt ihn als alten Mann dar, der in einer Höhle sitzt. Offensichtlich bezieht sich dies auf die Höhle der

Apokalypse auf Patmos, wo das letzte Buch des Neuen Testaments geschrieben worden sein soll.

Der alte Mann hat soeben seinen Kopf über seine rechte Schulter gedreht, als sei er durch ein unerwartetes Ereignis aus seinen Gedanken gerissen worden. Vielleicht ist dies der Moment, der im ersten Kapitel der Offenbarung als Beginn der Vision beschrieben wird (Vers 10): „Ich hörte hinter mir eine große Stimme, wie eine Posaune." Links flüstert ein Engel dem Heiligen ins Ohr, rechts bereitet sein Schüler Prochoros die Aufzeichnung der Vision auf einer Schriftrolle vor. Im Hintergrund ist ein Bündel von Kerzen soeben noch erkennbar.

Auf den ersten Blick erinnert die Ikone an ein Motiv, das häufig im Zusammenhang mit dem *Profítis Ilías* auftritt, nämlich an den Aufenthalt in oder vor einer Höhle (▷ S. 101). Die Ähnlichkeit könnte ein Mittel sein, eine Verbindung zwischen zwei großen Propheten herzustellen – einem aus dem Alten Testament und einem aus dem Neuen.

Das Hauptfest des Heiligen wird am 26. September gefeiert. Die Kapelle wird betreut von der Familie *Vergínis*, der das Grundstück gehört und die sich auch für das Fest engagiert. Neben der Kapelle liegt ein winziger Friedhof für die Verstorbenen der Familie. –

Ein anderer Beiname des Heiligen ist *Ioánnis Thermástis*, von *thermós*, „heiß", weil er angerufen wird zur Heilung des „heißen Fiebers", der Malaria.

17. Ágios Ioánnis Pródromos (St. Johannes Baptist) in Giánnides

N037°45.847' E026°53.132' // 161m // Karte ▷ S. 156

In einigen Karten irrtümlich als *Agía Ekateríni* (St. Katharina) vermerkt.

Im oberen Bereich des *Giánnides*-Tals gelegen, wartet die Kapelle mit dem romantischsten Standort im Hügelland hinter Kokkari auf, umgeben von uralten

Bäumen und dem nahen Wasserbassin. Die Glocke ist an einem Baumstamm befestigt.

Unter der flachen Holzdecke hält das Gemälde in der Ikonostase den Moment fest, in dem der Henker sein Schwert hebt, um den Hl. Johannes zu enthaupten. Im Hintergrund einer anderen Ikone rechts an der Wand ist Salome dargestellt, wie sie tanzt und triumphierend die Platte mit dem Kopf des Toten in die Höhe hält.

Das Fest der Enthauptung des Hl. Johannes des Vorläufers findet am 29. August statt (▷ S. 90). Die Kapelle wird betreut von der Familie *Kritikós*.

18. Ágios Giórgios (St. Georg) in Giánnides

N037°45.922′ E026°53.098′ // 187m // Karte ▷ S. 156

Die Kapelle in der Nachbarschaft Giannides ist ein einfacher Bau und seit einer Anzahl von Jahren praktisch außer Gebrauch. Doch obwohl sie vernachlässigt ist

und das Dach einsturzgefährdet scheint, ist sie durchaus einen Besuch wert.

In früheren Zeiten muss sie ein Gewölbedach gehabt haben, dessen Spuren noch zu sehen sind. Heute ist dort nur eine einfache Konstruktion aus Balken und Sparren. Ein besonders robuster Balken dient als Türsturz über dem niedrigen Eingang.

In den meisten Ikonen wird St. Georg (▷ S. 111) als Reiter auf einem weißen Pferd dargestellt, wie er den Drachen mit dem Speer durchbohrt. Manchmal wird er begleitet von St. Demetrius, der an seinem roten oder schwarzen Pferd unterschieden werden kann.

Hier aber zeigt das Gemälde in der Ikonostase weder den Drachen noch St. Demetrius. Identifiziert wird St. Georg dennoch eindeutig durch die Inschrift.

Das Fest des Heiligen wird am 23. April begangen oder, wenn dies Datum vor Ostern fällt, am Ostermontag. Die Kapelle wird von der Familie *Galánis* betreut, und es besteht Hoffnung auf eine Renovierung.

19. Profítis Ilías (Prophet Elias) in Giánnides

N037°46.190′ E026°53.180′ // 94m // Karte ▷ S. 155

Die Kapelle liegt im vorderen Teil der Nachbarschaft *Giánnides*, auf halbem Wege am Hügel aufwärts. Von Kokkari aus ist es nur eine halbe Wegstunde, wenn man den alten Fußpfad wählt (auf die abzweigenden Stufen zur Kapelle rechts aufwärts achten!), und man wird belohnt durch einen schönen Blick auf das Dorf und das Meer.

Die unterste Trittstufe zu dem kleinen Vorplatz trägt die ungelenke Inschrift: „22-6-01 Φ.K." Trotz einiger Abnutzung ist das Datum wohl eher als 2001 denn als 1901 zu lesen; vielleicht sind in dem betreffenden Jahr Renovierungsarbeiten erfolgt.

Bevor man sich der Tür nähert, die entgegen dem üblichen Muster in die Seitenwand eingefügt ist, sollte man einen Blick auf die Steinplatten des Vorplatzes und auf das Glockentürmchen über dem Giebel werfen. Und nach dem Verlassen der Kapelle lohnt es sich, um das Gebäude herum zur Nordseite zu gehen und den Ausblick zu genießen.

Προφήτης Ηλίας

Der Name des Propheten wird gedeutet als „Mein Gott ist Jahwe". Wie in 1 Könige 17 berichtet, trat Elija (Elias) auf, als Ahab, König von Israel, und seine Frau Isebel den Kult des kanaanitischen Götzen Baal förderten. Elias warnte sie scharf, dass Gott zur Strafe eine schreckliche Dürre senden werde. Dann floh er in die unfruchtbaren Gegenden östlich des Jordans. Während er sich in einer Grotte am Bach Kerith verbarg, wurde er von Raben mit Brot versorgt, wie Gott ihm versprochen hatte.

Nach seiner Rückkehr und vielen Jahren des Widerstands und der Konfrontation mit Ahab, Isebel und deren Sohn Ahasja pilgerten der Prophet und sein Jünger Elischa zum Jordan (2 Könige 2). Als Elias' Mantel das Wasser berührte, teilten sich die Wellen, sodass sie den Fluss trockenen Fußes queren konnten. Sobald sie das andere Ufer erreicht hatten, erschien ein feuriger Wagen, der Elias in einem Wirbelwind aufwärts nahm und gen Himmel verschwand.

Elischa war verzweifelt und zerriss seine Kleider. Doch dann sah er, dass Elias' Mantel herabgefallen war, und nahm ihn auf. Auf seinem Rückweg über den Fluss teilten sich die Wellen erneut, und dies wurde als Zeichen gedeutet, dass Elischa der Nachfolger des Elias sein sollte.

Zusätzliche Information

Die Ikonostase enthält ein Gemälde des feurigen Wagens, der mit vier feuerroten Pferden und wirbelnden Rädern in den Wolken entschwindet. Währenddessen fällt der Mantel zu Elisha hinab.

Neben der Tür zeigt eine andere Ikone in deutlich modernerem Stil die Szene, in der der Rabe in seinem Schnabel dem hungernden Propheten ein Stück Brot bringt.

Wie die anderen Propheten gilt Elias in der orthodoxen Christenheit als Heiliger, wird aber traditionell mit dem Begriff *profitis* angesprochen. Das Fest wird am 20. Juli gefeiert, einschließlich der Vorbereitung und Austeilung des *giortí*-Mahls. Die Kapelle wird betreut von der Familie *Vergíni*. –

Dem Gewährsmann *Pandelis Mirsiádis* zufolge wurden die Ruinen in unmittelbarer Nachbarschaft der Kapelle bis weit in die zweite Hälfte des 20. Jh. hinein jedes Jahr als Sommerwohnungen benutzt. Man beachte den angebauten großen Backofen! –

In Griechenland gehören die dem *Profitis Ilías* geweihten Kapellen zu den zahlreichsten, gleich nach denen für die *Panagía*. Sehr oft sind sie auf einem Hügel oder Berggipfel (z.B. *Karvoúnis*) anzutreffen, was als Anspielung auf die Himmelfahrt des Propheten verstanden werden kann – ein Wunder übrigens, das zu allen Zeiten die Fantasie der Menschen befeuert hat.

Gelegentlich ist vorgeschlagen worden, im Kult des griechischen Sonnengottes *Ilios* (Helios) einen Vorläufer zu sehen. Diese Hypothese verweist auf den Bericht vom feurigen Wagen sowie auf die auffallende Ähnlichkeit in der Aussprache der Namen. Allerdings war es in der Antike eher eine Ausnahme, dass eine Helios-Kultstätte auf einem Berggipfel eingerichtet wurde.

Eine andere Hypothese argumentiert, dass einige Elias-Kapellen Kultstätte des Zeus übernommen haben könnten, da ja alle beide mit Bergen und mit der Macht über Donner, Blitz, Regen und Wind assoziiert würden. Sogar die Stätte eines nachgewiesenen Zeus-Heiligtums auf dem Olymp sei heute dem *Profitis Ilías* geweiht.

Kapellen in den südwestlichen Außenbezirken

Zugang über das Sträßchen am Hotel *Mýlos Beach*. An der Gabelung des Fahrwegs (1 km oder 15 Min. aufwärts) geht es links zur *Panaítsa* (nachfolgend), rechts zu den anderen drei Kapellen.

20. Panaítsa (St. Marien) in Dendriás

N037°46.343' E026°52.917' // 84m // Karte ▷ S. 155

Beiname: *Kímisis tis Theotókou* („Entschlafung der Gottesgebärerin"). Wie einige andere *Panagía*-Kapellen trägt sie auch den Beinamen *Panaítsa*, „kleine Maria".

In einigen Karten wird die Kapelle irrtümlich der *Agía Fotíni* zugeschrieben. Diese Heilige wird mit der Frau gleichgesetzt, die Jesus am Brunnen von Samaria antraf (Johannes 4). Sie wird üblicherweise mit einem Wasserkrug dargestellt. Ihre Ikone rechts in der Ikonostase mag den Anlass zu dem Missverständnis gegeben haben. –

Die *Panaítsa* liegt unscheinbar in der Nachbarschaft *Dendriás*, links des Fahrweges von der Strandmühle in Richtung *Mytiliní*.

In einer Nische ist ein Fresko der Hl. Maria auf dem Sterbebett zu sehen (▷ S. 54). Sie ist umstanden von 11

Aposteln, und im Vordergrund sind die abgetrenntem

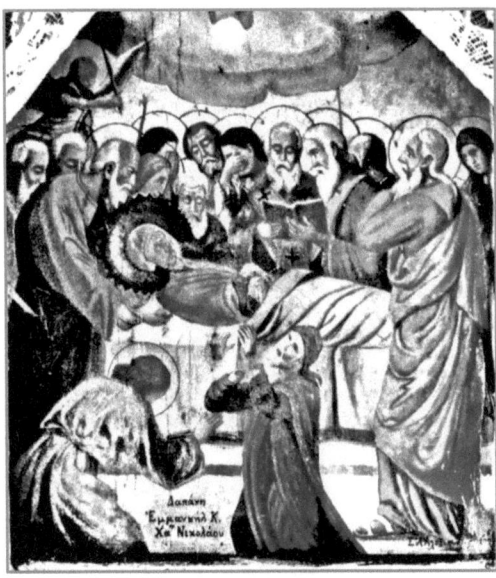

Hände des frevelhaften Antonios deutlich zu erkennen (direkt unterhalb der Hände der Hl. Maria).

Zusätzliche Information

Das Fest wird am 15. August gefeiert. Ob es das traditionelle *giortí*-Mahl einschließt, konnte nicht geklärt werden. Die Kapelle wird betreut von vier benachbarten Familien: *Kazóglou*, *Giánnis*, *Chalvatzís* und *Kavéso*. –

Der Name *Dendriás*, von *déndro*, „Baum", soll sich auf die vielen Olivenhaine in dem Bereich beziehen. In der Tat finden sich einige bemerkenswerte alte Bäume in Sichtweite der Kapelle.

21. Profítis Ilías (Prophet Elias) in Aiogdítes

N037°46.218′ E026°52.563′ // 120m // Karte ▷ S. 155

In einigen Karten irrtümlich als *Ágios Geórgios* eingetragen.

Die Kapelle, nur eine Minute abseits des Weges nach *Móni Vrondá* und *Kástro Louloudás*, ist kürzlich renoviert worden. Das raue Mauerwerk vermittelt einen Eindruck von ihrem Alter. Die Kuppel, das Glockentürmchen und die kleine Vorhalle zusammen genommen lassen spüren, dass die Kapelle eine besondere Geschichte haben muss. In der Tat ist sie im 18. Jh. erbaut worden, um als *metrópolis* („ursprüngliche Kirche") der Umgegend zu dienen, bevor die Gemeinde der ersten *Panagía* im Dorf (▷ S. 50) entstand.

Das Gründungsdatum wird präzisiert durch eine Gedenktafel in Griechisch und Englisch: „Profitis Ilias. Erbaut 1786"; dazu die griechische Ergänzung: „Kokkari, Samos. Gestiftet von *Konstandínos Arvanítis.*"

Die Vorhalle ist recht eng, aber der Innenraum präsentiert sich wohlproportioniert auf einem annähernd quadratischen Grundriss.

Das Innere der Kuppel über dem Doppeltonnen- gewölbe wirkt auf den ersten Blick wie mit grauem Schmutz über- zogen. Aber bei näherer Betrach- tung werden die schwachen Spuren eines verblassten 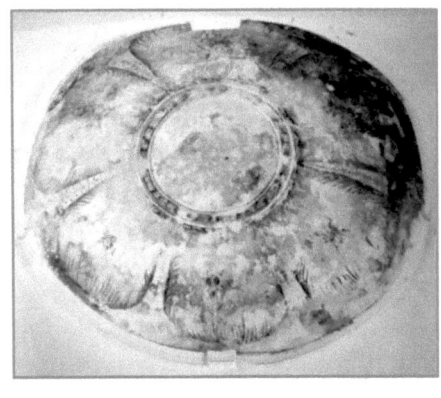 Freskos erkennbar – eine Besonderheit unter den Kapellen von Kokkari.

Das Gemälde in der Ikonostase stellt die Szene dar, in der ein Rabe dem Propheten Brot bringt (▷ S. 101, mit weiterer Information zum Propheten Elias).

Zusätzliche Information

Das Fest *Profítis Ilías* wird am 20. Juli begangen. Es schließt das traditionelle *giortí*-Mahl ein. Die Kapelle wird betreut von den Familien *Arvanítis* und *Mirsiádis*.

Das Gründungsdatum (1786) muss nicht unbedingt be- deuten, dass *Profítis Ilías* die älteste Kapelle überhaupt im Bereich von Kokkari ist. Sie scheint aber die erste mit einer eigenständigen Gemeinde gewesen zu sein, möglicherweise sogar mit einem ortsansässigen Pries- ter. Und sie ist weit und breit die einzige Kapelle mit Chorgestühl, was auf eine ständige Gemeinde und regelmäßige Gottesdienste hindeutet.

Der Standort lässt darauf schließen, dass die Nach- barschaften *Aiogdítes* und *Giánnides* zu den ältesten

107

Siedlungen in der Gegend gehörten, wahrscheinlich lange vor dem Dorf an der Küste.

Aiogdítes ist ein besonders interessanter Fall. Das Jahrbuch 1875 der Hegemonie von Samos teilt dieses κώμιον („Weiler"?) nicht Kokkari, sondern dem Nachbardorf *Vourliótes* zu. Der Weiler bestehe aus 32 Häusern mit 130 Bewohnern – eine überraschend hohe Zahl verglichen mit der heutigen geringen Bevölkerung der Nachbarschaft. Das Jahrbuch buchstabiert den Namen als Ἀγειογδύται und leitet ihn folgendermaßen her: Die ersten Siedler seien αιγογδάρτες gewesen, von αἴγα, „Ziege", und γδάρτης, „Häuter" (aber auch „Schinder").

Heute tritt der Name auf Karten und Wegweisern in beliebiger Kombination von *ágio/aío* und *dítes/gdítes* auf. Die Komponente *dítes* wird gelegentlich gedeutet als „einer der sieht", woraus die Kombination „Seher des Heiligen" resultiert. Aber das klingt ein wenig nach einer wohlmeinenden, nachträglich gefundenen Umdeutung. Und *agiogdítes* – „Schinder des Heiligen" oder weniger anstößig „Verunglimpfer des Heiligen" – scheint letzten Endes anstößiger als *aiogdítes*, „Ziegenhäuter".

Um die Sache noch komplizierter zu machen, hat *Giakoúmis Amyrsónis*, der Orchideengärtner, seine eigene Erklärung beigesteuert. Er erinnert daran, wie oft die Opferstöcke der abgelegenen Kapellen erbrochen und geleert worden sind, wie also die Diebe die Heiligen „abgezogen" haben.

Während derzeit keine dieser Hypothesen abschließend bestätigt werden kann, darf daran erinnert werden, dass die Ziegenzucht ein ehrbares Gewerbe war. Ziegen- oder Schafshäute als Behältnisse für Wasser

oder Wein, besser unter dem Namen „Schläuche"
bekannt, waren im Altertum, im Mittelalter und weit in
die Neuzeit hinein ein Standard-Transportmittel. Da
also nichts wirklich Beleidigendes in dem Namen liegt,
ist in diesem Buch zur Bezeichnung der Nachbarschaft
Aiogdítes gewählt worden.

22. Ágios Dimítrios (St. Demetrius) in Aiogdítes

N037°46.283' E026°52.402' // 171m // Karte ▷ S. 155

Die Kapelle liegt hoch über Kokkari und bietet einen
großarten Rundblick. Nach längerer Wanderung aufwärts erscheint der hochragende Giebel mit dem
Glockentürmchen plötzlich auf dem Hügel zur Linken.

Am Ende der Zugangstreppe bietet der winzigen Vor-
raum ein unerwartetes Willkommen. An heißen Tagen
ist dies ein guter Platz zum Durchatmen im Schatten,
bevor man das Innere mit seinem niedrigen Tonnengewölbe betritt.

Άγιος Δημήτριος της Θεσσαλονίκης, Μεγαλομάρτυρες

St. Demetrius von Thessaloniki, der „Großmärtyrer", wurde um 270 von frommen christlichen Eltern geboren. Der junge Mann soll eine militärische Laufbahn eingeschlagen haben. Der Legende zufolge wurde er im Jahre 306 während der Christenverfolgung unter den Kaisern Diokletian und Galerius mit Speeren durchbohrt.

Im Mittelalter wurde er von den Kreuzfahrern als Schutzheiliger erkoren, zusammen mit dem Hl. Georg, und noch heute gilt er als Patron der Soldaten.

Zusätzliche Information

Der Name *Dimítrios* ist ursprünglich abgeleitet von *Dímitra* (Demeter), der griechischen Göttin der Fruchtbarkeit und des Ackerbaus. Aus dieser Sicht ist es nicht überraschend, dass Demetrius häufig als Begleiter des Hl. Georg (des „Bauern") auftritt.

In traditionellen Ikonen wird St. Demetrius entweder als römischer Fußsoldat dargestellt oder – meist zusammen mit dem Hl. Georg – als Reitersoldat auf einem roten oder schwarzen Pferd. Hier, auf dem Gemälde in der Ikonostase, sitzt er hoch zu Ross und schwingt siegreich seinen Speer über einem Mann, der auf dem Erdboden liegt – der Legende zufolge ein Gladiator, der viele Christen während einer Verfolgung getötet hatte.

Das Fest des Heiligen wird am 26. Oktober begangen mit einem Gottesdienst und dem traditionellen *giortí*-Mahl (▷ S. 45). Betreut wird die Kapelle von der Familie *Klóthos*.

23. 'Agios Geórgios (St. Georg) in Aiogdítes

N037°46.358' E026°52.513' // 100m // Karte ▷ S. 155

Der Standort ist etwas abgelegen im unteren Bereich der Nachbarschaft *Aiogdítes* und nur von oben her zu erreichen. Die Kapelle des *Profítis Ilías* in *Aiogdítes* (▷ S. 105) ist hierzu der beste Ausgangspunkt.

Auf einem kleinen Sockel erbaut, hat *Agios Geórgios* ein Glockentürmchen in unüblicher Position, nämlich seitlich vom Dachfirst. Über der Tür ist um ein Kreuz herum eine Inschrift angebracht; die obere Zeile rechts vom Kreuz scheint Ziffern zu enthalten: „1798"? Ansonsten harrt der nur schwer erkennbare Text noch seiner Entzifferung.

Άγιος Γεώργιος, Μεγαλομάρτυρες και Τροπαιοφόρος

Der Name *Geórgios* bedeutet „Bearbeiter des Landes", oder kurz „Bauer".

St. Georg, „Groß-Märtyrer und Träger des Siegeszeichens", soll im späten 3. Jh. in Kappadozien geboren und als Halbwaise in Palästina aufgewachsen sein. Wie sein Vater, der als Märtyrer gestorben war, machte er eine brillante militärische Karriere. Als Kaiser Diokletian im Jahre 303 eine Christenverfolgung anordnete, bekannte St. Georg, selbst Christ zu sein. Der Kaiser versuchte vergeblich, ihn zum Widerruf zu bewegen, und in seinem Zorn ließ er ihn foltern und schließlich enthaupten.

Die volkstümliche Legende von St. Georg und dem Drachen wurde im Mittelalter von den Kreuzfahrern aus dem Orient mitgebracht. Sie berichtet, wie ein Ungeheuer sich an einer Quelle einquartierte, aus der sich eine nahegelegene heidnische Stadt mit Wasser versorgte. Die Bürger fanden zu ihrem Schrecken heraus, dass sie das Untier nur fortlocken konnten durch die tägliche Opferung eines Menschen, der hierzu durch das Los bestimmt wurde.

Eines Tages fiel das Los auf die Prinzessin, und jedermann beklagte ihr Schicksal. In eben dem Augenblick, als der gefräßige Drachen sich ihr näherte, erschien ein fahrender Ritter: St. Georg. Unter dem Schutz des Kreuzzeichens griff er das Untier an und konnte es schließlich erschlagen. Die überglücklichen Bürger nahmen daraufhin das Christentum an.

Zusätzliche Information

Im Innern wird die hölzerne Ikonostase mit den roten Vorhängen von einem Tonnengewölbe überspannt. Eine farbenfrohe Ikone zeigt den Kampf des Hl. Georg mit dem Drachen; aus dem Hintergrund schaut die verzweifelte Prinzessin zu.

Das Fest ist am 23. April; wenn aber dies Datum vor Ostern liegt, wird die Feier auf Ostermontag verschoben. Sie beinhaltet den Gottesdienst und das *giortí-*

Mahl. Die Kapelle wird betreut von den Familien *Kipréou* und *Partsáfas*. –

Die Legende von St. Georg und dem Drachen hat einen auffallenden Vorläufer in dem klassischen griechischen Mythos von Perseus und seiner Rettung der Prinzessin Andromeda. –

Der Heilige ist einer der Vierzehn Nothelfer. Er wird angerufen als Schutzpatron in Kriegs- und Pestzeiten, daneben aber auch als Hüter der Haustiere.

Unabhängig davon ist St. Georg weitberühmt als der Schutzheilige vieler Städte und Länder, insbesondere auch Englands, wie die weiße Flagge mit dem roten Georgskreuz bezeugt. Die Tradition geht bis ins 13. Jh. zurück, aber die offizielle Einführung ist wohl auf 1348 zu datieren, nämlich auf die Gründung des Hochedlen Ordens vom Hosenbande („Honi soit qui mal y pense"), dessen Emblem von Anfang an das rote Kreuz auf weißem Grund gewesen ist.

Kapellen in den westlichen Außenbezirken

Zugang entweder über das Sträßchen beim Hotel *Mýlos Beach* (nach 150 m rechts zum Torbogen der Hinkemühle abbiegen), oder über die Fahrstraße aufwärts zu den Hotels auf dem Hügel im Westen.

24. Ágios Ioánnis Pródromos (St. Johannes Baptist) in Pótami

Dies ist eine der bedeutendsten Kapellen in der Gegend von Kokkari, abgesondert gelegen auf einem Hügel oberhalb der *Potámi*-Ebene. Zwanzig Meter hinter dem Torbogen der „Hinkemühle" (▷ S. 132) führt eine Treppe in Serpentinen aufwärts zu einem weiten Platz, der auf drei Seiten von Bäumen umgeben ist und auf der vierten einen eindrucksvollen Blick auf die Gipfel des *Louloúdas* bietet.

Das Gebäude selbst wird von einem Glockentürmchen gekrönt. Die Frontwand und das Gewölbe im Innern weisen nicht nur auf das Alter der Kapelle hin, sondern zeigen auch stolz die Handwerkskunst des Maurers.

Zusätzliche Information

Eine Besonderheit ist der Fußboden: ein Mosaik aus zahllosen Kieseln.

Die Johannes-Ikone zeigt einen bärtigen Mann, der einen identischen

Kopf auf einer Platte trägt – eine weit verbreitete Darstellung der Enthauptung des Heiligen (▷ S. 90). Darunter hängt eine Sammlung von Votivgaben, die kundtun, dass der „Vorgänger" erfolgreich um Fürsprache gebeten worden ist.

Die Kapelle wird betreut von der Familie *Amyrsónis*.

115

Die Enthauptung des *Ioánnis Pródromos* wird am 29. August als Tag strengen Fastens begangen. Auf das *giortí*-Mahl wird dabei zwar nicht verzichtet, aber statt des Fleisches werden Kichererbsen zugegeben. Der Gottesdienst am Tag selbst wird laut den *Exoklísia*-Autoren von einem Priester gehalten, den der Erzbischof aus Samos-Stadt entsendet. Vielleicht kam in früheren Zeiten ein Mönch vom Kloster *Moní Vrondá* herab.

Als der Vorplatz vor einigen Jahren aufgearbeitet werden musste, wurden Spuren von Gräbern gefunden; das deutet darauf hin, dass die Kapelle zu den ältesten gehört. –

Wie *Agios Pandeleímonas*, so gehört auch diese Kapelle zum Landbesitz des Klosters *Panagía tis Vrondianí* (*Moní Vrondá*) in *Vourliótes* (▷ S. 119).

25. 'Agios Pandeleímonas (St. Pantaleon) in Mána

N037°46.597'
E026°52.335'
// 53m //
Karte ▷ S. 155

Die Kapelle liegt unaufdringlich am Rande der malerischen Umgebung von *Pigí Mána* (*Mána*-Quelle) mit den uralten Platanen und dem Wasserreichtum, aus dem Kokkari versorgt wird. Das Gebäude soll im 19. Jh. erbaut oder wieder-errichtet worden sein. Auf dem Dach ist ein Glocken-türmchen, im Innern ein niedriges Gewölbe und ein Fußboden aus Kieseln.

Ἅγιος Παντελεήμων, μεγαλομάρτυρας και γιατρός

St. Pandeleimon, „Groß-märtyrer und Heiler", erlitt sein Martyrium in Nikomedia im Jahre 303. Seine Eltern hatten ihn *Pantaléon* genannt, „ganz wie ein Löwe", oder in heutiger Ausdrucks-weise „Megalöwe". Nach seiner medizini-schen Ausbildung wurde er bald hoch geachtet als der Arzt, der ohne Be-zahlung die Armen, die Verfolgten und die Hilf-losen im Namen Jesu Christi heilte. Es heißt, sein Ruhm sei sogar bis zu dem heidnischen Kaiser Maximinian ge-drungen, der ihn zu seinem Leibarzt machte,

ohne zu wissen, dass der junge Mann Christ geworden war.

Schließlich denunzierten ihn einige neidische Rivalen. Vor dem Kaiser weigerte Pantaleon sich, den heid-nischen Götzen zu opfern, bot aber an, in einen berufsbezogenen Wettbewerb mit seinen Widersachern zu treten. Also wurde ein Mann in den Gerichtssaal gebracht, der seit vielen Jahren gelähmt war. Die heidnischen Ärzte versuchten vergeblich ihre Kunst, wohingegen der Heilige den Mann heilte durch die Anrufung des Namens Jesu Christi. Maximinian in seiner Wut befahl, Pantaleon zu foltern. Doch der Heilige blieb unversehrt. Sogar die wilden Tiere im Zirkus taten ihm nichts an. Schließlich verurteilte der Kaiser ihn zum Tode.

Zur Hinrichtung wurde Pantaleon an einen Olivenbaum gefesselt, seine Hände waren an seinen Kopf genagelt. Während er für seine Peiniger betete, hob einer der Soldaten sein Schwert, um ihn zu enthaupten – aber das Schwert schmolz wie Wachs, und eine Stimme von oben nannte den Heiligen mit einem neuen Namen: *Pandeleímon*, der „All-Barmherzige", und berief ihn ins himmlische Königreich. Die Soldaten fielen in ihrem Schrecken auf die Knie. *Pandeleímon* hieß sie aufstehen und die Hinrichtung zu Ende führen. Sobald sein Haupt fiel, stand der Olivenbaum plötzlich in voller Frucht.

Der Leichnam des Märtyrers wurde in ein Feuer geworfen, aber er blieb unversehrt und erhielt ein christliches Begräbnis. Sein Kopf wird in einem Kloster auf dem Berg Athos aufbewahrt oder, wie einige andere behaupten, auf der Insel Andros.

Seine Hilfe wird angerufen von Menschen, die an Krankheiten oder Verletzungen leiden, insbesondere auch von Personen mit Behinderungen. Vielleicht ist er nebenbei noch der heimliche Helfer der Olivenbauern?

118

Zusätzliche Information

In der Ikone wird St. Panteleimon dargestellt als bart-
loser junger Mann mit Lockenhaar. In einer Hand hält
er eine Lanzette oder einen Medizinlöffel, in der anderen ein Kästchen mit mehreren Fächern, anscheinend
zur Aufbewahrung verschiedener Medizinen. In anderen Ikonen wird er gelegentlich mit den an den Kopf
genagelten Händen gezeigt.

Das Fest am 27. Juli schließt das *giortí*-Mahl ein (▷ S.
45). Es gilt als das älteste und angesehenste der hiesi-
gen Feste und zieht Besucher aus ganz Samos an. Die
Kapelle selbst wird von der Familie *Amyrsónis* betreut –
nun schon in der fünften Generation, wie G. *Amyrsónis*
zu berichten weiß.

Agios Pandeleímon gehört zum Landbesitz des Klosters
Panagía tis Vrondianí (kurz: *Moní Vrondá*) in *Vourliótes*.
Ob es weitere Berührungspunkte gibt, hat sich nicht
klären lassen. Die Tatsache, dass der Hauptzufluss zu
Pigí Mána aus einer Quelle unweit des Klosters gespeist
wird, mag man als unwichtig oder zufällig betrachten.
Aber die örtliche Überlieferung verknüpft ja die An-
fänge des Klosters mit mehreren Nachbarschaften um
Kokkari (▷ S. 15). –

In der westlichen Christenheit ist *Pandeleímon* als St.
Pantaleon bekannt. Als einer der vierzehn Nothelfer ist
er der Schutzpatron der Ärzte und Hebammen, aber
auch der Beschützer weinender Kinder. In Italien wird
er um Glück in der Lotterie angerufen

Die Kirche St. Pantaleon in Köln im romanischen Stil
stammt aus dem 10. Jh. und hatte schon einen Vorläufer aus dem 9. Jh. In einem Sarkophag ist die byzantinische Prinzessin Theophanou († 991) bestattet, die
mit Kaiser Otto II. verheiratet war. Sie ist berühmt

wegen ihrer weisen Regentschaft für ihren Sohn Otto III. nach dem Tod ihres Mannes.

26. Ágios Fanoúrios (St. Fanourios) in Paleokalíva

N037°47.013′ E026°52.418′ // 78m // Karte ▷ S. 155

Die Kapelle grüßt von einem Vorgebirge hoch über den Stränden *Lemonákia* und *Tsamadoú*. Die Nachbarschaft heißt *Paleokalíva*, „alte Kate", oder auch *Tsamadoú*. Wahrscheinlich wird der Strand eher nach der Nachbarschaft benannt als umgekehrt.

Ágios Fanoúrios ist die größte unter den Kapellen rund um Kokkari und auch die neueste. Eine Ikone des Heiligen an zentraler Stelle des Kirchenschiffes ist auf 1999 datiert. Der Bau und die Ausstattung verdanken sich zu einem großen Teil der Initiative und der Unterstützung mehrerer Familien aus Kokkari.

Bevor Sie durch die geräumige Vorhalle eintreten, sollten Sie schon einmal den Vorplatz umrunden. Er bietet einen großartigen Blick auf Kokkaris Langen Strand mit der Hafenhalbinsel, auf den Dorfhügel und die Pfarrkirche St. Nikolaus im Hintergrund, und schließlich weit draußen auf die Berge der Türkei als ferne Kulisse

Άγιος Φανούριος, Μεγαλομάρτυρας

Wo und wann St. Fanourios, der „Großmärtyrer", sein Martyrium erlitt, weiß niemand. Seine Name könnte mit dem griechischen Verb φανερώνω (faneróno, „enthüllen") zusammenhängen.

Die Legende setzt 1522 ein, als die Osmanen die Insel Rhodos nach langer Belagerung erobert hatten. Die Überlebenden, ob Muslime oder Christen, mussten die Trümmer beiseite räumen, ehe die Stadt wieder aufgebaut werden konnte. In einiger Tiefe stieß eine Gruppe von Türken auf eine Kapelle, die mehrere uralte, stark beschädigte Ikonen enthielt. Als Muslime warfen sie diese achtlos fort als Götzenbilder der Ungläubigen. Einige Mönche, die dies von weitem beobachtet hatten, bargen die Ikonen und sahen mit Staunen, dass eine davon so gut erhalten war, als wäre sie am selben Tage gemalt worden. Die Umschrift identifizierte den jungen Heiligen als Άγιος Φανούριος. Zwölf Szenen von dem Martyrium derselben Person waren rings um das Hauptbild angeordnet; in einer wurde die Gestalt mit brennenden Kerzen gefoltert, in einer anderen stand sie in den Flammen eines Feuers.

Es dauerte nicht lange, bis der Heilige, dessen Ikone wie durch ein Wunder aufgefunden worden war, sich seinerseits als Wundertäter erwies. Sein Ruhm verbreitete sich noch mehr, als er drei Priestern aus Kreta erschien, die in die Sklaverei verkauft worden waren, aber dem Eingreifen des Heiligen ihre Freilassung verdankten.

Zusätzliche Information

Das Innere der Kapelle überrascht durch die Raumhöhe und die farbige obere Fensterreihe. Zwei Bögen deuten ein Querschiff an. Die Wände tragen farbenfrohe Fresken im modernen Stil. Der weiße Stuck der Ikonostase ist mit winzigen Engeln und fünf doppelköpfigen byzantinischen Adlern geschmückt.

Unter den Ikonen im Zentrum des Raumes fällt neben dem Hl. Fanourios eine anrührende Madonna mit dem Kind auf. Beide Gemälde lassen einen bemerkenswert modernen Stil erkennen.

St. Fanourios selbst kann auf verschiedene Weise dargestellt werden. Meistens tritt er als junger Mann auf, der ein Schwert und eine brennende Kerze trägt oder ein Kreuz, an dessen Spitze eine Kerze befestigt ist. Gelegentlich ist er als römischer Soldat in voller Rüstung gemalt, mit Lanze oder Schwert bewaffnet. Oder aber er steht inmitten eines Feuers und erhebt die Arme im Gebet. Es ist also nicht immer ganz einfach, ihn auf Anhieb zu erkennen. Doch im vorliegenden Falle bestätigt die traditionelle Inschrift oben rechts auf dem Gemälde die Identität des Heiligen.

Die Kapelle wird betreut von den Familien *Papourtzís* und *Levisianós*.

Das Gedenken des *Agios Fanoúrios* wird am 27. August gefeiert. Die Festlichkeiten sind sehr beliebt und werden von Gästen in großer Zahl besucht. Am Vorabend findet ein Gottesdienst statt. Es folgt ein fröhliches Miteinander, bei dem man sich nicht nur an *fanourópita* (siehe unten) gütlich tut, sondern auch an Bier und alkoholfreien Getränken und an Souvlaki und Würstchen, alles von freundlichen Spendern bereit gestellt. Inzwischen wird das *giortí*-Mahl gekocht, sodass am Morgen nach dem Gottesdienst dieser traditionelle Eintopf ausgeteilt werden kann. –

In Erinnerung an die geheimnisvolle Auffindung der Ikone ruft man die Hilfe des Heiligen an, um verlorene Dinge wiederzufinden. Wenn die Suche Erfolg gehabt hat, backt man süße Brötchen, *fanourópita* („Fanourios-Kuchen") und teilt sie mit den Armen oder zumindest mit der Familie.

Das folgende einfache Rezept sollte einen Versuch wert sein: „Die *pita* ist üblicherweise klein und rund, aus gesiebtem Mehl, Zucker, Zimt und Öl. Anrühren, kneten und in einer runden Kuchenform bei mittlerer Temperatur im Backofen backen." Es gibt freilich auch andere, kompliziertere Rezepte! –

In der westlichen Christenheit ist Fanourios nie als Heiliger übernommen worden. Seine Rolle als Helfer der Vergesslichen auf der Suche nach verlorenen oder verlegten Dingen wird dem Hl. Antonius von Padua zugeschrieben.

Ein Kuss auf Flügeln

Wenn Sie *Agios Fanoúrios* einen Besuch abgestattet haben, dann wartet am Fahrweg etwa 100 m aufwärts, unterhalb des Landhauses, zur rechten Hand eine Überraschung besonderer Art: Der kleine Bogen über dem Wasserhahn ist von dem Relief zweier küssender Engel gekrönt.

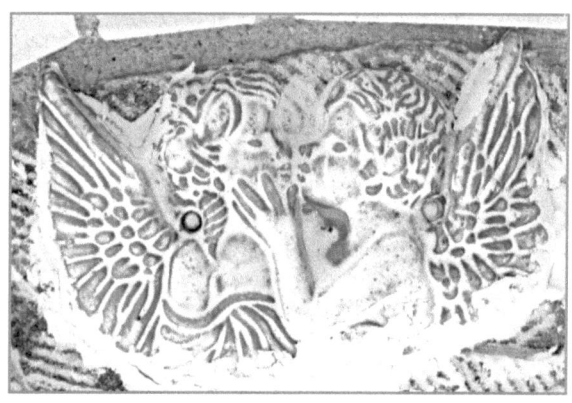

Engel sind sie gewiss, aber über das Alter unschuldiger Putten sind die beiden wohl doch hinaus, oder?

Kokkaris weltliches Erbe

Die Gemeinde, die Schule und der Brunnen

Die Schule von Kokkari ist für die Elementarbildung zuständig; zur Sekundarschule pendeln die Kinder nach Samos-Stadt. Die örtliche Schulanlage liegt an der Hauptstraße aufwärts in Richtung Osten, mehrere hundert Meter von der Pfarrkirche entfernt. Der Komplex wurde 1972 erbaut, sodass sich die Frage stellt: Wo war die vorherige Schule?

Die Antwort lautet: Im Herzen des Dorfes – ein Gebäude aus braunem Stein gleich hinter der *Panaítsa*, der alten Dorfkirche. Die zweiseitige Treppe an der symmetrischen Frontseite führt zum Haupteingang. Das Innere ist teilweise umgebaut worden, aber der alte

Grundriss ist noch erkennbar, wenn man den Flur betritt: je ein Klassenraum links und rechts, dazu im Hintergrund ein winziges Gelass für den „Hauptlehrer". Die Toiletten müssen auf der Rückseite des Schulhauses gelegen haben.

Das linke Klassenzimmer ist in zwei längliche Räume umgebaut worden, um das Gemeindebüro unterzubringen, wobei der „Präsident", also der Ortsvorsteher, im vorderen residiert, der Sekretär im hinteren. Auf der rechten Seite kann man sich den alten Klassenraum noch gut in seinen ursprünglichen Maßen vorstellen, obwohl er nach dem Umzug der Schule wohl renoviert worden ist. Jetzt ist es eine Art Gemeindesaal.

Während der gelegentlichen Öffnungszeiten des Gemeindebüros kann man einige Einheimische antreffen, die auf ihren Termin mit dem Präsidenten oder dem Sekretär warten. Diejenigen, die der älteren Generation angehören, wissen manche Geschichte zu erzählen aus ihrer Schulzeit, die in jenen Jahren sechs Schuljahre umfasste. Die Klasse der älteren Schüler war links, die der jüngeren rechts. Im Winter wurde jeder Raum durch einen Ofen beheizt; jedes Kind musste ein wenig Brennholz mitbringen.

Zu manchen Zeiten konnte die wachsende Zahl der Schüler nicht in die beiden Klassenzimmer gezwängt werden. Dann wurden die Jüngsten nebenan in der *Panaítsa*-Kirche unterrichtet. Der Kirchplatz wurde ohnehin während der Pausen als Spielplatz genutzt. –

Vor dem Einzug des Tourismus, noch in den späten 1960er Jahren, schlug in diesem Viertel das Herz von Kokkari, wie im Rückblick *Vassilikí Galánis-Moutáfis* lebhaft beschreibt. Jugendliche, die sich mit ihren Freunden treffen wollten, sagten: „Ich gehe ins Dorf", womit ein Gebiet im Radius von nicht viel mehr als 50 Metern um *Panaítsa* und Schule gemeint war.

Heute ist eine Anzahl von Häusern in diesen Sträßchen verlassen, einige sind verfallen. Von den winzigen Läden scheint nur einer überlebt zu haben: das *Pantopoleíon*, der „Alles-Laden" der Familie *Vogiátzis*, 1939 gegründet. Er liegt nahe der Ecke von Hauptstraße und *Odós Psarón* – das ist die Gasse, die sich im Viertelkreis um den *Panaítsa*-Kirchplatz zieht.

In dem Quartier mögen kleine Händler und Handwerker ansässig gewesen sein; aber die Läden oder Werkstätten sind längst anderweitig verlegt. So hat sich die Betriebsamkeit an die Wasserfront und die

Hauptstraße verlagert, während die Ruhe der alten Gassen einen melancholischen Unterton hat.

Einen ähnlich melancholischen Anblick bietet Kokkaris erster öffentlicher Brunnen, nur wenige Schritte von dem Rechtsknick auf dem Weg von St. Nikolaus zur *Platía* entfernt. Um ihn zu entdecken, muss man an dieser Stelle allerdings zunächst fünf Meter nach links gehen und sich dann in Gegenrichtung drehen. Und siehe da: In die Wand auf der Linken ist eine Wasserstelle eingebaut mit einer Inschrift darüber, die etwa Folgendes kundtut: „Während der Hegemonie des *K. I. Fotiádis* / wurde gebaut und übergeben dieser Brunnen / von weit her zu bringen das Wasser / 1876."

Der ursprüngliche Brunnen war höchstwahrscheinlich ein Auslaufrohr mit kontinuierlich fließendem Wasser, ehe diese Konstruktion durch den heute noch vorhandenen Kran ersetzt wurde (der noch immer benutzt werden kann). Wenn man bedenkt, dass Grundwasser aus Brunnen in unmittelbarer Nähe des Salzwassers eine riskante Annehmlichkeit war und dass Zisternen  auch nicht viel besser waren, dann lag in einer verlässlichen Versorgung mit gutem Wasser ein deutlicher

Fortschritt. Vielleicht war dies die erste direkte Wasserleitung von der *Mána*-Quelle her.

Villen, Lagergebäude und Tavernen

Zwischen der Pfarrkirche und der *Platía*, genau gegenüber der kleinen Bäckerei, ist in eine Mauer mit aufgesetzten Eisengittern ein Tor eingeschoben. Es erlaubt einen Blick in einen etwas verwilderten Garten mit einem hübschen kleinen Landhaus im Hintergrund.

Dies war die Villa des *Ioánnis Elissavítis*, eines wohlhabenden Einwohners, der sich seinerzeit um die Vollendung der Pfarrkirche verdient gemacht hat (▷ S. 58). Er hatte eine Großhandelsfirma zum führenden Unternehmen des Dorfes entwickelt. Die

Ruinen der Lagerhäuser sind auf der Nordseite der Hauptstraße zu sehen, etwa auf der Höhe der *Panaítsa*-Kirche. Dank seines geschäftlichen Erfolges war er wohl Kokkaris einflussreichste Persönlichkeit in der

ersten Hälfte des 20. Jahrhunderts, ausgenommen selbstverständlich der jeweilige *pápas* (Pfarrer). Die Familie ist mittlerweile ausgestorben, und man kann nur hoffen, dass die jetzigen Eigentümer die Villa in gutem Zustand erhalten.

Eine weitere kleine Villa versteckt sich hinter einer Hecke einige Meter rechts von der Apotheke. Alles in allem hat Kokkari jedoch weniger auffallende Architektur zu bieten als beispielsweise manche Dörfer in der Nähe von *Karlóvassi*. Im Gegenteil, beim Gang durch die Gassen erschließt sich ein eher unscheinbares Sortiment von Wohnhäusern.

Einige kleinere Lagerhäuser in typischem Bruchstein-Mauerwerk finden sich auf der *Kámbos*-Seite der Strandstraße. Die eigentümliche Bauweise sollte möglicherweise für mäßige Feuchtigkeit und mäßige Temperaturen im Innern sorgen, um das gelagerte Gut vor Verderb zu schützen. Hin und wieder nennt eine Tafel über dem Tor oder an der Wand den Namen oder das Emblem des Handelsunternehmens und weist zum Beispiel auf einen Sammelpunkt für Oliven oder Weintrauben hin.

Diese Gebäude können recht alt sein, wie etwa dasjenige gegenüber der Profile Beach Bar. Die arg verwitterte Inschrift lautet anscheinend: *Κυρ. Χ. Ιερος, 1859*, „Herr Christus, der heilige". Darunter glaubt der Autor eine Pflanze in einem Topf (oder Kelch?) zwischen zwei Fischen zu erkennen.

An der Hauptstraße, gegenüber der Stirnseite von St. Nikolaus, fällt *H Μπίρα* auf: *I Bíra*, „Das Bier", Kokkaris ehrwürdigste Taverne. Sie wurde als *mezedopolion* gegründet (versuchsweise Übersetzung: „Snack- und Obst-Bar") und besetzt einen strategischen Standort: Als *Artémis Mylonás* sie 1925 gründete, scheint ihn der sichere Glaube inspiriert zu haben, dass die Arbeiten an der neuen Pfarrkirche eines Tages wieder in Gang kommen würden. Das Baugewerbe ist überall in der Welt als durstiges Geschäft bekannt, und so muss die erste Gaststätte in Kokkari, die Bier verkaufte, ein toller Erfolg gewesen sein, sobald sich auf der Kirchenbaustelle wieder etwas tat.

Die heutige *Bíra* genießt einen Ruf als sehr traditionelle Taverne, mit ihrer überraschend großen, wenn auch recht dunklen Gaststube und dem gemütlichen kleinen Biergarten unter der krummen Platane – die übrigens bei den Katzen der Nachbarschaft sehr beliebt ist als Kletterbaum.

Während Sie dort Ihr Bier trinken, sollten Sie auch einen Blick auf das stattliche zweistöckige Gebäude auf der gegenüber liegenden Straßenseite gleich neben der Kirche werfen.

„Manos Bar" an der *Platía* ist etwa zur selben Zeit gegründet worden wie die *Bíra*, hat aber einen anderen Charakter entwickelt.

Der Torbogen und die Wassermühlen

Jeder, der sich zum ersten Mal auf die Wanderung nach *Vourliótes* begibt, wundert sich über den Torbogen (▷ rückseitiger Umschlag; ▷ Karte S. 155), nicht weit von den Gewächs- häusern. Des Rätsels Lösung lautet: Er ist Teil eines Aquädukts, in den Wasser vom *Mána*-Bach eingespeist wurde, um den Antrieb für mindestens zwei Mühlen zu liefern. Zu ungefähr neun Zehnteln kann diese Wasserführung noch heute verfolgt werden, allerdings nur als trockener, überwachsener oder mit Erde aufgefüllter Trog. Die Anlage wurde vor einigen Jahrzehnten aufgegeben, wohl nachdem in den 1960er Jahren Elektrizität verfügbar wurde als Ersatz für Wasserkraft.

Das Kernstück dieses Aquädukts soll schon vor 300 Jahren angelegt worden sein, damals noch in einfacher Ausführung aus Erde. Der heute vorzufindende Trog aus Beton ist laut *Giakoúmis Amyrsónis* erst 1957 angelegt worden.

Der Trog hat eine lichte Weite von 35-40 cm und eine lichte Höhe von 25-30 cm. Er entnahm das Wasser dem *Mána*-Bach, dem einzigen Wasserlauf in Kokkari mit einer Wasserführung von einiger Bedeutung das ganze Jahr hindurch. Man erreicht den Abzweig oder Zulauf, wenn man von der Furt, die den Bach in Richtung *Pandeleímon*-Kapelle quert (▷ S. 116), am rechten Ufer etwa 100 m abwärts geht. Eine lange Stützwand aus Beton lässt vermuten, dass es dort ein Wehr mit einem aufgestauten Teich gegeben hat. Solch ein Teich garantierte nicht nur einen gleichmäßigen Wasserfluss in dem Aquädukt, sondern verbesserte auch die Fallhöhe, die ja, wie nachfolgend erläutert wird, eine entscheidende technische Voraussetzung für die Mühlen war.

In unmittelbarer Nachbarschaft des Abzweigs befinden sich zwei Ruinen auf dem rechten Ufer – offensichtlich keine Wohngebäude, sondern Mühlen oder Werkstätten. Sie können aber nicht mit Hilfe des Aquädukts angetrieben worden sein. Möglicherweise gab es Mühlräder an dem direkt unterhalb dieser Stelle zu vermutenden Wehr. Die Dächer sind schon seit langem eingestürzt, eines wohl durch den Fall des fantastischen Olivenstamms, der noch darin liegt. –

Der Aquädukt folgte von dem Punkt der Wasserzufüh-

rung zunächst dem rechten Bachufer. Dann zog er in einem weiten Schwenk nach rechts, überquerte einen Trockenbach auf einer winzigen Brücke und schwenkte wieder nach links, um unterwegs einen weiteren Trockenbach zu überspannen, diesmal in

133

einem Trog von etwa 3 m Länge mannshoch über dem Bachbett. Ab hier umrundete er den Hang des Hügels unterhalb der *Ioánnis-Pródromos*-Kapelle und erreichte schließlich die Oberkante des bereits erwähnten Torbogens, um als Oberwasser die Mühle auf der Talseite anzutreiben.

Im Jahre 2013 wurde die Mühlenruine mit einem neuen Dach versehen. Dabei ergab sich die Gelegenheit, einen kurzen Blick ins Innere zu werfen.

Was von außen wie ein Haufen Schrott ausgesehen hatte, entpuppte sich als Restbestand einer so genannten griechischen Mühle, einer Konstruktion, die vor mehr als 2200 Jahren entwickelt worden ist und als ältester Typ der Wassermühle überhaupt gilt!

Im Prinzip funktioniert sie wie folgt: Das Wasser muss ziemlich hoch über dem Mühlengebäude ankommen, wo es in einen senkrechten Schacht oder ein Rohr fällt. Unten hat das Rohr eine Krümmung, oft mit einer Verengung, sodass das Wasser fast horizontal in einem Strahl austritt. Dieser Strahl trifft auf eine endlose Reihe von Schaufeln, die auf ein waagerechtes Rad montiert sind. Die senkrechte Achse dieses Mühlrades ist nach oben zu einer Arbeitsbühne verlängert, wo sie den oberen Mühlstein antreibt.

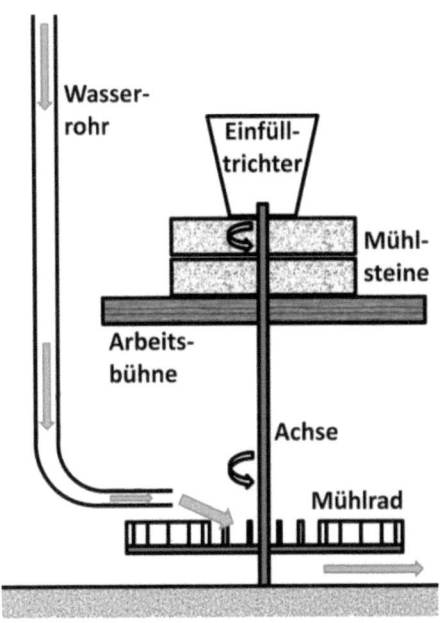

Wasser-
rohr

Einfüll-
trichter

Mühl-
steine

Arbeits-
bühne

Achse

Mühlrad

Im Gegensatz zu den traditionellen Wassermühlen Mitteleuropas mit ihren senkrecht stehenden Mühlrädern und waagerechten Achsen benötigt diese Konstruktion kein Winkelgetriebe. Aber ihre Effizienz ist deutlich geringer im Vergleich. Laut *G. Amyrsónis*, dessen Vorfahr die Mühle 1892 gegründet hatte, stellte sich im konkreten Falle heraus, dass die Fallhöhe nicht wirklich ausreichte. Daher bekam die Mühle bald den Spottnamen *Koutsómylos*, „Hinkemühle".

Der Aquädukt endete jedoch nicht hier: Wenn die Mühle in Betrieb war, platschte das Wasser von dem waagerechten Mühlrad hinab und lief nach draußen in einen niedrigeren Trog, der den Aquädukt fortsetzte. Andernfalls konnte der Zufluss um das Gebäude herum in denselben Trog geleitet werden. Auf diese Weise ging nichts verloren, und das Wasser konnte erneut genutzt werden.

Die Wasserführung verlief zunächst an der Talseite des Fahrweges. Nach 250 m muss an dem Sattel eine Gabelung vorhanden gewesen sein. Der linke Abzweig steuerte den Mühlenturm am Fuß des Hügels an, dort, wo die Strandstraße in die Umgehungsstraße mündet. Diese 200 m des Aquädukts wurden entfernt, als die Straße aufwärts verbreitert und asphaltiert wurde. Aber die Ruine des Turms, eine ins Auge fallende Landmarke (Karte ▷ S. 155), zeigt, welche Fallhöhe das Wasser an diesem Punkt hatte. Und es heißt, die Strandmühle, oder einfach kurz „die Mühle", sei ein voller Erfolg gewesen. An sie erinnert noch der Name des nahe gelegenen Hotels *Mýlos Beach*.

Der Vorteil einer Wassermühle gegenüber einer Windmühle bestand darin, dass die Kraftquelle über das ganze Jahr gesehen verlässlicher war und je nach Bedarf genutzt werden konnte. Natürlich pflegen im Sommer die *meltémi*-Winde recht stark und beständig sein. Aber hier handelt es sich um Ölmühlen, und die Olivenernte im späten Herbst erforderte Mühlenkraft in den Wintermonaten. Immerhin ist es möglich, dass im Laufe des Jahres auch Getreide oder Ähnliches gemahlen wurde.

Der andere Zweig des Aquädukts folgte den Konturen der Hügel weiter östlich. Um das besterhaltene Teilstück zu finden, geht man den Fahrweg aufwärts, der etwa 250 m von der Strandmühle entfernt von der Umgehungsstraße nach Süden abzweigt. Auf halber Höhe zum Hügelkamm, unmittelbar hinter dem letzten Haus, ist der Trog auf beiden Seiten des Weges gut sichtbar. Die letzte Spur des Aquädukts verliert sich auf dem Hügelausläufer über den Ruinen einer Gebäude-gruppe weitere 250 m an der Umgehungsstraße ent-lang.

G. *Amyrsónis* zufolge war diese Zweigstrecke nie dafür gedacht, Wasserkraft für weitere Mühlen zu liefern; sie wurde vielmehr zur Bewässerung genutzt. Es war in der Tat kaum möglich, eine genügende Fallhöhe bereit zu stellen. Und solange die Strandmühle die gesamte Wasserführung benötigte, wären andere Mühlen ohne Antrieb gewesen. Auf jeden Fall muss es an der Ver-zweigung eine Vorrichtung gegeben haben, die das Wasser in den rechten Zweig umlenken konnte, wenn die untere Mühle nicht in Betrieb war.

Fußpfade, Esel und Ziegen

Vor dem Siegeszug der zweispurigen bzw. vierrädrigen Fahrzeuge waren auf Samos *gaïdoúri*, der Esel, und *moulári*, das Maultier, die Haupttransportmittel. Und das übliche Verkehrsnetz zu Lande bestand aus Fuß-pfaden in zwei charakteristischen Ausprägungen: *monopáti* und *kalderími*. Die meisten von ihnen sind durch Fahrwege ersetzt worden, die den Gelände-wagen und Kleintransportern einen bequemen Zugang zu den Hügeln ermöglichen – und, nicht zu vergessen, auch den Feuerwehrfahrzeugen im Falle von Wald-bränden.

Ein *monopáti* war ein einspuriger Fußpfad, der nicht nur von Fußgängern benutzt wurde, sondern auch von Lasttieren, die oft voluminöse Säcke auf ihren hölzernen Packsätteln trugen. Es war daher nötig, beidseitig ein angemessenes Profil von Felsen und Vegetation frei zu halten. Die meisten *monopátia* in Kokkari haben heute Wirtschafts- oder Forstwegen Platz gemacht. Aber zwei, die noch existieren, müssen unbedingt erwähnt werden wegen der romantischen Wanderung, die sie bieten. Nebenbei demonstrieren sie auch, dass jede Begegnung beladener Lasttiere wohl ein sehr umsichtiges Manövrieren erforderte!

Da ist zum einen der Fußweg aufwärts zur Kapelle *Profítis Ilias* und weiter nach *Giánnides*. Hier ist der Untergrund meistens Erdreich, wegen der Wegführung entlang der Böschung des tief eingeschnittenen Baches. In früheren Zeiten war dies wahrscheinlich der Hauptzugang nach *Giánnides*; vielleicht war er schon von den Siedlern in *Mytilinií* um 1600 benutzt worden.

Zweitens ist hinzuweisen auf den Fußpfad auf der Wanderung am Hang des *Mána*-Tals entlang nach *Vourliótes*. Hier ist der Untergrund streckenweise nackter, wenn auch weicher Fels, der über jahrein, jahraus von Menschen- und Tierfüßen abgerieben worden ist. An einigen Stellen ist die typische Abfolge menschlicher Schritte – links, rechts, links – erkennbar.

Der offene Blick über das Tal ist übrigens ein sehr neues Merkmal des Pfades. Vor dem Waldbrand von 2000 war der Hang bewaldet, ähnlich wie die Wegstrecke jenseits des Passes oberhalb des Tals.

Die Frage, ob es um Kokkari herum auch *kalderímia* gegeben hat, müsste noch weiter erforscht werden. Solche Pfade waren im alten Samos, was Autobahnen für unsere Zeit sind. Der typische *kalderími* war breit

genug für die Begegnung zweier beladener Lasttiere. Und er war gepflastert, oft mit Stufen, um das Auswaschen durch heftige Regenfälle zu verhindern. Als Pflastermaterial wurde örtlicher Fels benutzt, mitunter auch Marmor.

Einen recht gut erhaltenen *kalderími* gibt es noch in dem steilen

Streckenabschnitt des Pfades nach *Vourliótes*, mehrere hundert Meter jenseits des oben erwähnten Passes.

Was die Esel und Maultiere angeht, so waren sie auf den Fotos der 1940er und 1950er Jahre noch allgegenwärtig. Heute sind sie fast ganz verschwunden. Nur in der Nähe der Passhöhe in Richtung *Mytilinií* kann man gelegentlich eines oder zwei dieser Tiere grasen sehen. Sie gehören zu dem einsamen Bauernhof dort oben. Und mit ganz viel Glück kann man sogar einem Lasttier mit dem traditionellen Packsattel begegnen.

Ziegen sind eine andere Geschichte. Wie die Vergangenheit der Nachbarschaft *Aiogdítes* zeigt (▷ S. 108), sind diese Nutztiere immer schon in der Region vorhanden gewesen. Wenn die Ziegenzucht auch ein seltenes Gewerbe geworden sein mag, so streifen doch noch einige Ziegenherden durch die weitere Umgebung. Und gelegentlich lässt sich ein Wanderer auf eine vermeintliche Abkürzung ein, nur um zu finden, dass sie nichts weiter ist als ein Ziegenpfad ins Nirgendwo...

Aber selbst in einem solchen Nirgendwo kann der Naturliebhaber auf eine Sammlung farbenfroher Bienenstöcke treffen. Entgegen weitverbreiteter Annahme werden die Bienen nicht zur Bestäubung der Olivenbäume gebraucht; sie produzieren ihren köstlichen Honig vielmehr aus Wildblumen und Kräutern.

Zwiebeln, Oliven und Orchideen

Das Samos-Jahrbuch von 1875 vermerkt stolz die jährliche Ernte an Zwiebeln: mehr als 25 000 καντ αρίων (nach *kantári*, wörtlich „Handwaage"; tatsächlich ein historisches Gewicht von 56,5 kg). Von den drei Qualitätsgraden wurden die länglichen κοκκάρια als kleinste und billigste Sorte verkauft, für 8 γρόσια, „Groschen", per *kantári*.

Was bedeutet dies in Bezug auf die Deutung des Namens Kokkari? Die Produktbezeichnung bestätigt, dass die roten Zwiebelchen allgemein mit dem Dorf in Verbindung gebracht wurden. Die Wurzel *kokk-* führt zu *kókkino kremmídi*, rote Zwiebel. Ist das Wort *kokkári* eine Verkleinerungs- oder Koseform?

Die traditionelle Erklärung ist, dass das längliche rote Zwiebelchen in der Gegend von Kokkari eine beliebte Feldfrucht gewesen sei und das Dorf seinen Namen davon entlehnt habe. Aber so einfach liegt der Fall denn doch nicht. Der Name *Kokar*, ganz gleich, ob er nun einen Ort oder eine Person bezeichnete, ist ja schon um 1600 nachgewiesen. Also könnte die Zwiebel-Hypothese auch einfach eine volkstümliche Deutung aus der Rückschau sein; mit anderen Worten, der Name, in den sich Dorf und Zwiebel teilen, wäre dann von den allerersten Siedlern abgeleitet.

Vielleicht lassen sich die beiden Varianten durch den folgenden Vorschlag versöhnen: *Kokkári*, „rotes Zwiebelchen", könnte der Familienname oder Spitzname des allerersten Siedlers gewesen sein, eines Mannes, der den Anbau dieser bescheidenen kleinen Feldfrüchte nicht nur als Züchter, sondern auch als Feinschmecker an der Nordküste von Samos heimisch gemacht hat ...

Rote Zwiebeln verschiedener Größe – aber keine Kokkária...

Was aus den namensgebenden Zwiebeln im heutigen Kokkari geworden ist, bleibt offen für Spekulationen. Werden sie noch angebaut? Falls ja, dann wohl nur für den Hausgebrauch, denn es scheint keine Werbung für den örtlichen oder regionalen Verkauf zu geben. In den Gemüseläden vor Ort kann man selbstverständlich Zwiebeln erstehen, und zwar durchweg rote. Aber sie sind rund und ansehnlich groß, so als seien sie aus dem Kleinformat der Zwiebelchen von ehedem herausgewachsen. –

Während die Zwiebeln Kokkari offensichtlich seit langer Zeit begleitet haben, bezeugen die Gewächshäuser (▷ Karte S. 155) in der Nähe der Hinkemühle einen ganz neuen Zweig der Landwirtschaft oder besser Gartenwirtschaft. Im Jahre 1979 begann in diesen Treibhäusern der in Kokkari geborene *Giakoúmis Amyrsónis* den Anbau von Orchideen. Nachdem er Blumenzucht im italienischen Pisa studiert hatte, entschloss er sich, seine eigene Firma zu gründen. 1986 verlegte er den Hauptstandort in das südliche Samos, zwischen *Chóra* und *Mýli*. Doch die Anlage in Kokkari ist weiterhin in Betrieb, mit zehntausenden von Pflanzen. *Amyrsónis* befasst sich mit nur einer Orchideenart, *Cymbidium*, aber diese Art fächert sich in eine Vielfalt von Formen und Farben aus. Der Betrieb soll die einzige Orchideenzucht in Griechenland sein; er liefert hauptsächlich nach Athen, wo eine Verkaufsniederlassung besteht.

Zurück zur traditionelleren Landwirtschaft! Ein merkwürdiger Nebenaspekt der Waldbrände ist die Entdeckung, wie sorgsam frühere Generationen den kargen Boden der Hügel weit entfernt vom Dorf bearbeitet haben. Vor allem die Terrassen mit ihren niedrigen Stützmauern aus Bruchstein (daher *pezoúlia*, Mäuerchen) sind Zeugen ihres Fleißes. Noch heute sind sie ein wirksames Mittel gegen Erosion.

Olivenbäume können mehrere Jahrhunderte alt werden. Wo sie noch heute gepflegt werden, hängt manchmal an einem Ast ein Kanister. Er zeigt an, dass der Olivenhain mit einem Pestizid behandelt worden ist. Andere Landwirte, die sich dem biologischen Olivenanbau zugewandt haben, sind stolz darauf, dass sie solche gefährliche Substanzen nicht verwenden. In beiden Fällen werden die Oliven erst spät im Jahr geerntet, wenn die touristische Saison vorbei ist.

Die Weinlese hingegen findet im Sommer statt, zur Zeit der Hochsaison. Das mag der Grund sein, warum Kokkaris Weinbau ziemlich geschrumpft ist.

Es gibt aber noch mindestens zwei örtliche Winzer, die ihren eigenen Wein im Hausverkauf anbieten: der eine an der Strandstraße gegenüber den letzten Häusern auf der Seeseite, der andere in dem kanalisierten Gässchen, das an der kleinen Brücke nahe der scharfen Biegung der Hauptstraße von der Strandstraße landein geht. Die Winzer dürfen die Flaschen zwar nicht etikettieren – aber ihr Wein ist köstlich!

Früher wurde nicht nur Wein produziert, sondern auch *soúma*, ein Tresterschnaps, die regionale Version des *tsípouro*. Wenn man auf der Wanderung nach *Vourliótes* den Bogen der Hinke-  mühle passiert hat, erreicht man bald den Punkt, an dem der Pfad auf den ersten Trockenbach trifft. Ein paar Meter weiter links markieren drei Steinringe künstliche unterirdische Höhlungen. Wenn die Trauben gekeltert worden waren, wurde der übriggebliebene Trester zur Gärung in solche Behälter verbracht, ehe daraus der Branntwein destilliert werden konnte. –

Eine heutige Bestandsaufnahme von Kokkaris Landwirtschaft müsste wohl lauten, dass viele der alten Felder und Haine noch bearbeitet werden, manche andere aber auch brach liegen oder in Vergessenheit geraten sind.

Ruinen und Gewässer

Nur drei Säulenstümpfe sind geblieben von dem antiken Asklepeios-Heiligtum (um 500 v. Chr.) an der so genannten *Mána*-Quelle. Der Standort am Ausgang der steilen *Mána*-Schlucht war wohl durch einen Wasserfall des Baches veranlasst. Später müssen Starkregen das Gewirr von Felsblöcken von Zeit zu Zeit umgeschichtet und neue Bahnen für das Wasser geschaffen haben. Noch im Jahre 1936 soll so ein neuer Wasserfall entstanden sein, doch 2001 verschwand der Bach in dem fast unsichtbaren heutigen Abfluss. –

Als arabische Überfälle im Laufe des 7. Jh. n. Chr. die Ägäis zu bedrohen begannen, bot die Fliehburg *Kástro Louloudás* eine sichere Zuflucht. Den archäologischen Befund fasst *K. Tsákos* wie folgt zusammen: „Stufige Straßen, in den Fels gebrochen, führten zu Häusern auf ausgehauenen Felsterrassen, wobei die Dächer der jeweils unteren Häuser einbezogen wurden. Die letzte Befestigung datiert offensichtlich aus der mittelbyzantinischen Zeit, aber die Bearbeitung des Untergrunds für die Fundamente der Gebäude sowie die Scherben von antiken Vasen deuten auf eine Besetzung des natürlich geschützten Felssporns seit der Antike hin." Es gab dort oben übrigens auch eine einfache

Kirche. Der Name ist, wie *Tsákos* versichert, abgeleitet von *láas*, „Stein", „Fels" (nicht von *louloúdi*, „Blume", „Blüte").

Der Zugang zu dem schroffen Gipfel enthält eine gefährliche Passage, die absolute Schwindelfreiheit verlangt. Ohnehin könnte der Anblick der wenigen Überbleibsel, aus denen die oben zitierten Erkenntnisse gewonnen worden sind, eine Enttäuschung sein. –

Die nachfolgenden Ruinen führen uns in die Neuzeit.

Vereinzeltes Mauerwerk, über die abgelegenen Teile der alten Nachbarschaften verstreut, erinnert an die Zeit, als die Bauern im Sommer in die Hügel zogen, um näher an ihren Feldern und Hainen zu sein.

Im Gegensatz zu diesen einsamen Hütten muss die kleine Siedlung neben der *Profítis-Ilías*-Kapelle im unteren *Giánnides* von Leuten bewohnt worden sein, denen sozialer Kontakt wichtig war – und die hier oben ihr eigenes Brot zu backen pflegten, wie der Backofen bezeugt.

Die Ruinen in *Vígles* nahe der *Dimítrios*-Kapelle könnten sogar eine Dauersiedlung gewesen sein. Die großen behauenen Steinblöcke sind ein Baumaterial, das nur selten in der Gegend zu finden ist. Und verglichen mit den Katen bei *Profítis Ilías* war die Siedlung der Sicht von der See her besser entzogen. –

Im Gegensatz zum kargen Boden der Hügel bot das Marschland des *Kámbos* fruchtbares Erdreich; hier war nicht Erosion das Problem, sondern Entwässerung. Bei aufmerksamer Beobachtung des Geländes beiderseits der Strandstraße zeigt sich nämlich, dass der *Kámbos* deutlich niedriger liegt als die Strandfront. In Zeiten starken Niederschlags saugt sich die Marsch mit Feuchtigkeit voll, bis an manchen Stellen das blanke Wasser steht (so wie bisweilen auf den Parkplätzen im Dorf!). Das Pumpwerk nahe der Umgehungsstraße, nicht weit vom westlichen Ende des Sportplatzes, ist daher eine sehr nützliche Einrichtung. Es hebt das Wasser in den Bach, der durch die Dorfmitte zieht und in die Bucht mündet. Natürlich gibt es während der Trockenzeit im Sommer nicht viel zu pumpen, sodass der Bach ein trauriges Bild abgeben kann. Er wird übrigens einfach *Réma* genannt. Das Wort *réma* meint einen kleinen Wasserlauf, der im Sommer fast immer austrocknet.

Nach heftigen Regenfällen im Winter stellen die von den Hügeln kommenden Trockenbäche eine andere, oft noch größere Gefahr dar. Der bedrohlichste Wasserlauf in dieser Hinsicht scheint der Bach von *Giánnides* abwärts zu sein. Dort, wo er aus der Schlucht unterhalb von *Profítis Ilías* tritt, wird er in den Fahrweg Richtung Dorf kanalisiert. Bei starker Wasserführung läuft das Wasser dann über mehrere hundert Meter durch einen Hohlweg. Aber wenn die Flut unter der Brücke der Umgehungsstraße hervortritt, liegt ihr Pegel einen

Meter oder mehr über den angrenzenden Feldern. Um deren Überschwemmung zu verhindern, ist ein Damm mit kanalartigen Seitenwangen gebaut worden. Unter alltäglichen Bedingungen dient er einfach als Straße und erleichtert die Zufahrt zu den Häusern im *Kámbos* von der Umgehungsstraße her. Wenn nun der Damm nach Starkregen geflutet ist, schont der Bach zwar diesen Bereich, bringt aber in der Fortsetzung der kanalisierten Straße die beiderseitigen Anlieger in Gefahr, ehe er sich unter der Strandstraße her in das Meer ergießt.

Militärische Spuren

Während der Kriege zwischen Griechenland und der Türkei im Zeitraum 1912 bis 1923 blieb Samos zwar von Kampfhandlungen verschont. Dennoch hatten die Konflikte ihre lokalen Auswirkungen: Auf der Gedenkstele an der Pfarrkirche St. Nikolaus, gegenüber der *Bíra*, sind 24 Kokkarier verzeichnet, die als Soldaten in jenen Kriegen ihr Leben verloren – ein Offizier, zwei Unteroffiziere und 21 einfache Soldaten.

Es existiert kein entsprechendes Mahnmal für die Opfer des Zweiten Weltkrieges oder der italienischen und deutschen Besetzung, vom anschließenden Bürgerkrieg ganz zu schweigen.

Es gibt jedoch einige andere Spuren von militärischem Belang.

Das schmale Gässchen von dem Rondell am Hafen entlang der Westseite der Halbinsel endet nach 25 m bei einigen großen Felsblöcken – so scheint es wenigstens zunächst. Einige der vermeintlichen Felsbrocken sind aber aus Beton, und bei genauer Inspektion erkennt man die Ruine einer so genannten Pillbox. Wie lange steht sie hier schon? Die Konstruktion erinnert bis ins Detail an das deutsche „Ringstand"-Standardmodell, das für den Maschinengewehr-Einsatz zu Tausenden während des Zweiten Weltkrieges gebaut wurde. Dies bringt uns in das Jahr der Besetzung von Samos durch die deutsche Wehrmacht (22. November 1943 bis 4. Oktober 1944). Der Zweck wäre hier gewesen, eine alliierte Landung am Langen Strand zu verhindern. Ob die einfachere Ruine am Übergang zu der Cavos-Halbinsel auf dieselbe Zeit zurückgeht, hat sich nicht klären lassen. –

Auf dem höchsten Punkt des Hügels hinter der Strandmühle versteckt sich ein merkwürdiger Fund, der im Jahre 2013 selbst vielen Einheimischen nicht bekannt zu sein schien. Man kann den Hügel von der Rückseite auf einem unscheinbaren Fußpfad besteigen. Oben steht ein Wellblechschuppen, in dem sich ein ausgewachsener Panzer mit griechischem Hoheitszeichen verbirgt!

Ein Panzer, den die Deutschen hier ließen, als sie 1944 Samos überstürzt aufgeben mussten? Wohl kaum, denn in diesem Falle wäre es nicht nötig gewesen, um ihn herum einen Schuppen zu bauen. Er wäre wohl eher öffentlich aufgestellt worden als Siegesdenkmal.

Ohne einer Identifizierung durch Experten vorzugreifen, könnte der Panzer ein Modell aus dem kalten Krieg sein, etwa ein amerikanischer M 48 „Patton". Das rostige Vehikel ist noch mit Turm und Kanonenrohr ausgerüstet, aber die meisten Innereien sind irgendwann abhanden gekommen. Die einzige vorstellbare Erklärung, warum das Monstrum herauf gebracht worden sein könnte, ist auch hier der Schutz des Langen Strandes gegen Invasoren. Die Frage bleibt: wann? Vielleicht während der gespannten Beziehungen zur Türkei in den 1970er Jahren? Insbesondere zur Zeit der Zypernkrise 1974? –

Was das 21. Jahrhundert betrifft, so kann ein aufmerksamer Beobachter bald einige der heutigen militärischen Einrichtungen auf Samos entdecken, übrigens auch im näheren Umfeld von Kokkari. Man bekommt den Eindruck, dass die Insel stärker befestigt ist denn je gegen jegliche Angreifer, wer immer sie sein mögen...

Anhang

Quellen und Unterstützer

„Niemand ist eine Insel", sagte der Engländer John Donne im 17. Jahrhundert. Und der Autor kann dem nur zustimmen: Er hat vielfältigen Nutzen gezogen aus Informationen aller Art, die kundige Menschen ihm bereitwillig oder auch unwissentlich weitergegeben haben. Darum sei herzlicher Dank all denen gesagt, die einen solchen Beitrag geleistet haben – nicht nur denen, deren Namen weiter unten erwähnt werden, sondern auch vielen anderen, denen vielleicht nicht einmal bewusst ist, dass ihre Auskünfte in dieses Buch Eingang gefunden haben.

Bezüglich der Geschichte von Samos hat der bebilderte Führer von *K. Tsákos* eine hilfreiche allgemeine Orientierung geboten: Konstantinos Tsakos, *Samos. A guide to the history and archaeology*. Athens: Hesperos Editions, 2003.

Zur Ergänzung wurde eine Internet-Veröffentlichung mehrerer einheimischer Historiker unter Führung von *Christos Landros* herangezogen:
http://www2.egeonet.gr/aigaio

Und dann gab es noch eine Entdeckung in letzter Minute: Kristina Holzhausen, *Samos: 1821-1920*. Saarbrücken: VDM Verlag Dr. Müller, 2011.

Für viele andere Aspekte und speziell für das 20. Jahrhundert war geduldige Suche durch den Autor angesagt, einschließlich der Bestätigung oder Widerlegung von Einzelheiten, die in diversen Landkarten und Reiseführern auftauchen.

Was Kokkaris Kirchen und Kapellen betrifft, so erwies sich als wichtigste örtliche Quelle die *„Exoklísia"*, ein Schulprojekt. Es wurde vor einigen Jahren von sechs Jugendlichen im Alter von 12 bis 14 erstellt: *G. Volakákis, P. Diakogiánni, M. Zavoudákis, E. Zíou, K. Kámfouras* und *D. Filippéou*. Ihr wichtigster Zeitzeuge neben dem Pfarrer war *Giakoúmis Amyrsónis*, von dem man sagt, er wisse mehr über Kokkari als irgend jemand sonst. Der Mentor der sechs Schüler, der Lehrer *G. Tsardoúlias*, half ihnen dabei, ihre Forschungen im Dezember 2012 in einer Powerpoint-Datei zu sammeln. Im Mai 2014 überließ der Pfarrrer von Kokkari, *Pápa Giórgos*, dem Autor freundlicherweise eine Kopie der Datei. *George Moutáfis*, ein emeritierter Geschichtsprofessor, war eine große Hilfe bei der Übersetzung des griechischen Textes.

Die hagiografischen Passagen, d.h. die Lebensbeschreibungen und Legenden der Heiligen, sind aus verschiedenen Quellen geschöpft, insbesondere aus Spezialseiten im Internet wie

<u>www.orthodoxwiki.org</u> und <u>www.orthpedia.de</u>.

Diese Internetsuche wurde ergänzt durch eigenes Wissen, das der Autor in jahrzehntelanger Erfahrung als Geschichtslehrer mit einigem Interesse für Kirchengeschichte angesammelt hat.

Zu dem weltlichen Kapitel trugen nicht nur gebürtige Kokkarier bei, namentlich *G. Amyrsónis* und Professorin *Vassilikí Galánis-Moutáfis*, sondern auch Bewohner, die vom griechischen Festland oder aus dem Ausland zugezogen sind, nicht zuletzt auch Touristen mit vielen Jahren Samos-Erfahrung, insbesondere Reinhard Brockmeyer.

Schließlich soll nicht unterschlagen werden, dass eine umsichtige Benutzung der Wikipedia unvermeidbar war – hauptsächlich der englischen und der deutschen, gelegentlich auch der griechischen und französischen.

Die Illustrationen, soweit sie Kokkari direkt betreffen (Fotos, Skizzen, Karten), sind vom Autor selbst aufgenommen bzw. erstellt worden. Ansonsten handelt es sich um nachweislich gemeinfreies Material (Public Domain).

Nachtrag

Ein unlängst unternommener Besuch auf der Internetseite des deutschen Militärarchivs in Freiburg hat drei bemerkenswerte Resultate geliefert: 1. Die deutsche Invasion von Samos, „Operation Damokles", wurde von der „Kampfgruppe Müller" durchgeführt, einem Teil der 22. Infanteriedivision. (General Müller, als „Schlächter von Kreta" berüchtigt, wurde 1947 in Athen hingerichtet.) – 2. Dokumente zu der Operation sind in dem Archiv vorhanden. – 3. Möglicherweise sind auch Dokumente über die Besatzung von Samos erhalten, natürlich aus deutscher Perspektive.

Aber dies klingt wie ein Projekt, das vorerst aufgeschoben werden muss.

Karte: Dorfzentrum

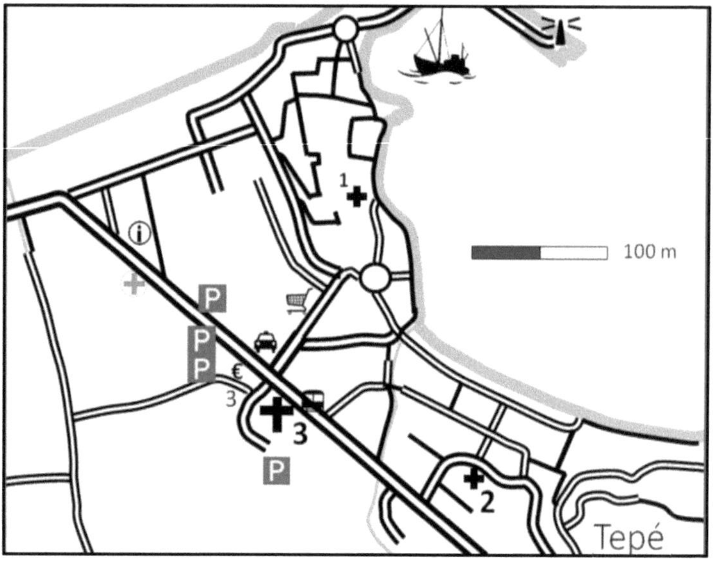

Karte: Nachbarschaften West

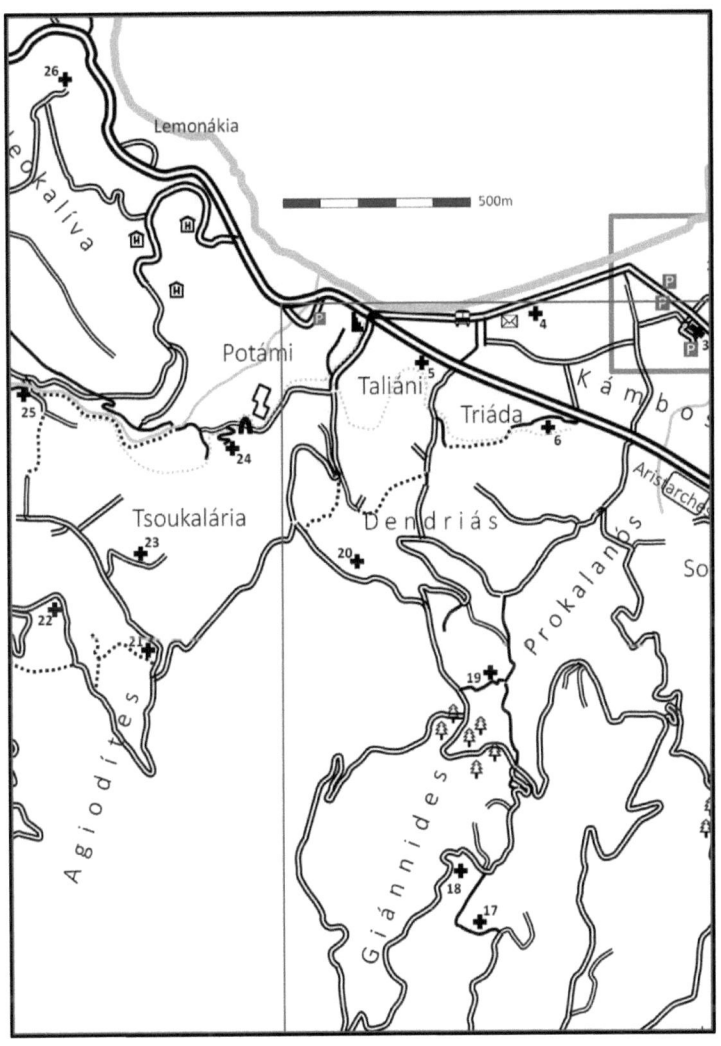

Karte: Nachbarschaften Süd

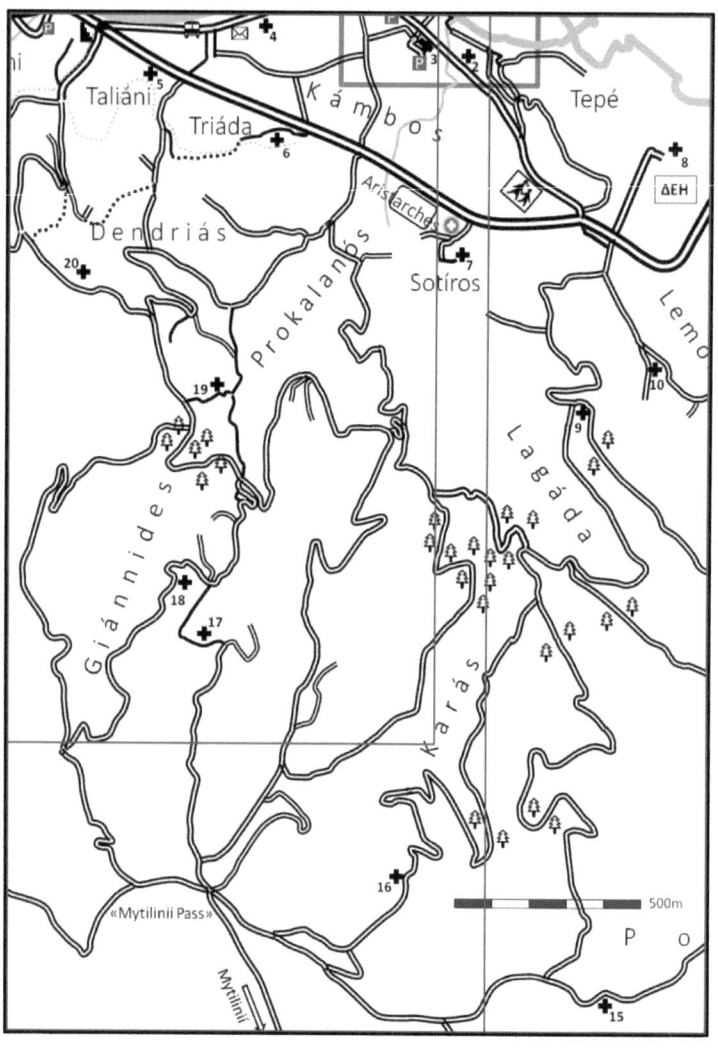

Karte: Nachbarschaften Südost

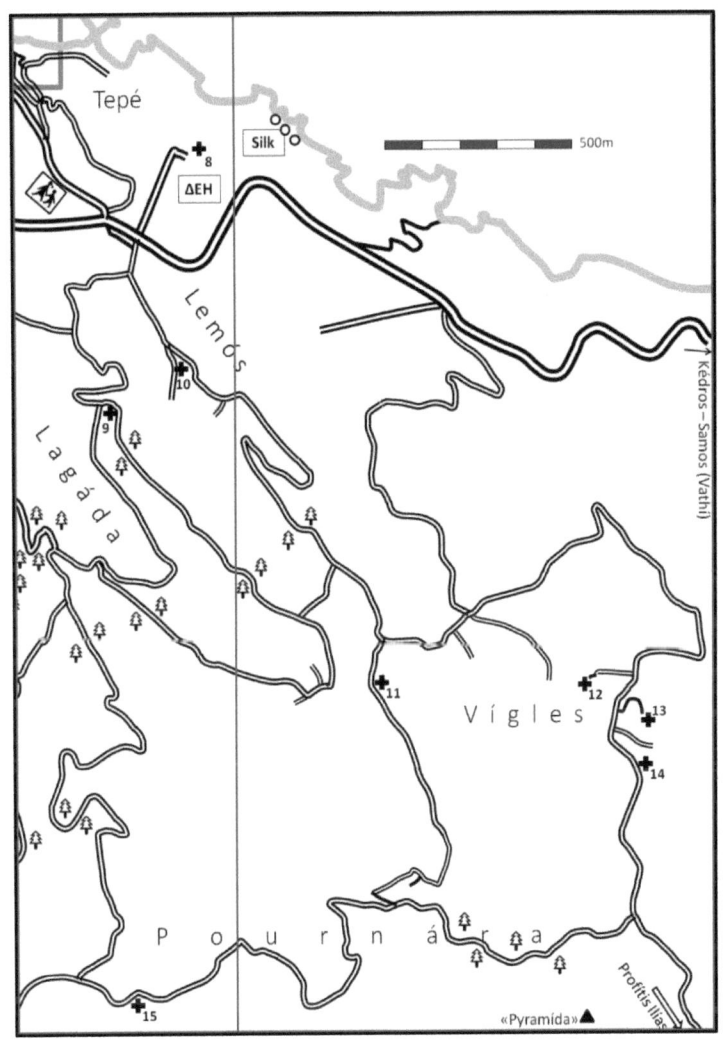

RIDIKÜLE LITERATUR

Dies ist ein Manifest zur Schaffung der ridikülen Literatur. Eine Form von Literatur ohne feste Regeln. Eine Form der Literatur, welche wir genötigt sahen, während der Entstehung dieses Buches zu entwickeln und in Worte zu fassen. Literatur, welche von der Kritik zerrissen, als unhaltbar bezeichnet und von den grossen Verlagen mit einem Standard-Ablehnungsbrief zitiert würde. Ein Buch, in welchem grammatikalische Zeitkonstrukte ebenso bedeutungslos sind wie ein roter Faden. Ein Buch, in dem die literarische Form ebenso nichtig ist wie Zusammenhänge, die Grammatik, die Schweizer Rechtschreibung. Was folgt sind Geschichten, Fabeln, Gedichte, Beatbox-Einlagen und Slam-Texte in Verbindung mit absurden Gemälden, Ideen, sprunghaften Erzählungen. Zwar liegt allem ein gleicher Hintergrund zu Füssen, doch betrachtet wird dieser aus allen Perspektiven. Von oben, von unten, links, rechts, aus einem 95° Grad Winkel aus der fünften Dimension. Ridiküle Literatur ist eine Ausrede für diese Schandtat literarischen Schaffens, in welchem den Fussnoten als erklärendes Mittel gefrönt wird, wie einem Blowjob auf LSD. Und wo Fussnoten zur Erklärung beigezogen werden – und das passiert oft, das könnt ihr uns glauben – bleiben am Ende mehr Fragen unbeantwortet und Antworten ungefragt, als eigentlich wirklich beabsichtigt wurde. Ridiküle Literatur ist, als würde man die Welt durch einen zeitverschobenen Spiegel aus der Mitte eines Schwarzen Loches heraus betrachten, dabei Dubstep und Beethoven hören und leise, ganze leise der Stimme des Wahnsinns zuhören. Komödie? Epik? Tragik? Dichtung oder Absurdum? Es ist Ridikül. Warum also überhaupt ein Buch verfassen?

Weil wir es können, Bitches!

Um dieses Buch jugendfrei zu gestalten, bitte reissen Sie die Episoden 1, 10, 14 und dieses Vorwort aus dem Buch heraus. Danke.

Pink im Park ist die gespaltene Persönlichkeit von siamesischen Zwillingen mit einem Jahr Altersunterschied (1991 & 1992). Die Teilpersönlichkeiten Pierre Lippuner und Fabian Engeler begründeten 2012 das Slam-Team gleichen Namens in der Ostschweizer Metropole St.Gallen, eröffneten neben einem Kollektiv für Spiel-Entwicklung einen Verlag für Bücher und alles andere, beschäftigen sich als Film-Duo im Bereich Kurzfilm, Clips und Pro7-Blockbuster am Freitag. Sie sind chronische Lügner und leiden an Kleptomanie.

Dieses Buch erfreut sich zudem auch Gastbeiträgen von anderen zwielichtigen Gestalten wie Nicole Knöpfli, Sarah Lippuner (nicht mit der liebenswerten Teilpersönlichkeit verwandt) und Stefan Weisskopf.

INHALTSVERZEICHNIS

DIE EPISODEN VON *IN GRÜNER EMISSION.*

PROLOG:
REISEBERICHT VON NEU GROSS-PANGÄA

Stellen Sie sich eine Welt vor, in der Umweltverschmutzung das grösste aller Verbrechen ist. In der das Leben in jeglicher Farbe, Rasse und Form geschätzt, gelebt, geschützt wird.

Die urzeitlichen Landmassen durch die Ewigkeit von Äonen getrennt, endlich wieder vereint zu einem stolzen, einzelnen Kontinent*. Die Menschheit längst am Rande der Vernichtung. Nur noch wenige Nachfahren dieser einst stolzen (und ach so dummen) Rasse verblieben und wandeln zwischen den Erben ihrer Zivilisation.

Stellen Sie sich also Neu Gross-Pangäa vor.

Hier, wo jeder Form von Leben Gleichheit zugesprochen wird. Gleiche Rechte, gleiche Chancen, gleichen evolutionären Erfolg. Neu Gross-Pangäa ist ein Moloch des Lebens. Eine Grossstadt voller Stimmen und Lärm. Voller Leben und regem Handel. In den Häuserschluchten murmeln die Wesen und Seelen dieser Stadt. Musik jeglicher Tonart, Klangwelt und Genres regnet als Echo von den Häuserwänden. Da ein Lachen. Da ein Schrei. Ein Weinen, Tragik und Komödie. Der Grossstadtdschungel schläft nicht. Niemals. Hat er nie. Zumindest nicht seit dem Erwachen aus den Ruinen der alten Zivilisationen**.

Allein über das kunterbunte Volk Neu Gross-Pangäas liessen sich mehrere Harry Potter-Bücher schreiben, nicht nur des

---

* Genauer gesagt ein Superkontinent. Wie allgemein bei Wissenschaftlern und der allwissenden Bourgeoisie bekannt, formten sich in der Vergangenheit (lange vor der angeblichen Schaffung der Welt gemäss christlicher Zeitrechnung) durch die Verschiebung von tektonischen Platten wiederholt gewaltige Landmassen. Sogenannte Superkontinente. Um sie zu nennen: Pangaea, Laurussia, Gondwana, Pannotia, Rodinia, Columbia, Kenorland und Ur. Pangaea Ultima – der Handlungsort dieser Geschichte – wird sich in etwa 200 bis 450 Millionen Jahren aus Afrika, Amerika, Australien und Eurasien bilden (Wir gehen aufgrund logischen Denkens und narrativer Freiheit von 400 Millionen Jahren aus, denn: Die Menschheit wird kaum solange überleben und in 400 Millionen Jahren kann einiges passieren. Auch ziemlich Absurdes.

Umfangs, sondern auch der reinen Diversität wegen! Hier beispielsweise Junge Wolfsrüden – aufrecht gehende, stolze Wesen – die sich mit alteingesessenen Pavianen über die Auslegung traditioneller Ansichten zanken. Oder dort: Hochfunktionelle Hai-Humanoide in Anzug und Krawatte, von einem Meeting zum nächsten huschend, stets ungehörte Verwünschungen und Beleidigungen für ihre Frauen, Kinder, Bosse auf den drei Zahnreihen. Krebs-Arachnoide vor monotonen Fabriken, rauchend, pausierend, mit mürrischen Ausdrücken auf ihren stieläugigen Gesichtern, Pausen-Plankton zwischen ihren schweren Scheren. Und da wiederum ihre artverwandten Hummer-Männer. Allesamt legendäre Meisterköche, vielfach assistiert durch die allzeit verwirrten Taubenleute, jungen Küken der Vogelrassen, pubertierenden Mammuts*** oder gar den sexsüchtigen Totenkopf-Primaten.

Die Legende besagt, dass die Kochkunst eines durchschnittlichen Hummer-Mannes so extraordinär sein soll, dass ein Versagen in der Küche zur sofortigen Entehrung desjenigen Koches führt.

Nicht selten finden sich verstossene Hummermänner in verbotenen pangäischen Kochduellen wieder, dunkle und finstere

5

Veranstaltungen der Neu Gross-Pangäischen Unterwelt, in denen sich die Hummer-Männer in einem Kampf um Leben und Tod gegenseitig um die Wette kochen.

Und dann da die Gerüche. Gerüche von schmackhaftem Essen aller Art, von antik japanischer Küche, durchsetzt mit Fisch und Reis und Nudeln oder den traditionellen Gerichten des veganischen Löwenvolkes, stetig im Streit mit den vegetarischen Fuchshunden und karnivoren Pandaleuten. Egal, wohin man in Neu Gross-Pangäa den Blick auch wendet, gibt es ein neues Restaurant, ein neues Etablissement zu entdecken.

Der glutenfreie Takeaway der heruntergekommenen Waschbären oder All-you-can-eat-Imbisse, geführt von den durchtriebenen Anglerfischen, ihre hässlichen Köpfe mit den langen Nadelzähnen in mit trübem Wasser gefüllten Glaskugeln versteckt. Nur ihre leuchtenden Antennen erinnern noch an ihr stolzes kulturelles Erbe. Aber auch edle Restaurants, geführt von Süd-Mongolischen Nacktmullen, mit Kakerlaken-Obern und Tausendfüsser-Chefköchen garantieren den schnellsten und besten Service der Stadt. Kulturelle Kaffees mit täglichem Programm, egal ob Literaturlesungen, Konzerte gescheiterter Musiker, legitimierten Schachweltmeisterschaften, allseits beliebte Death-Metalkonzerte oder Faultier-Slow-Motion-Action-Theater. In den verwinkeltesten Ecken dieser Stadt finden sich aber auch Events der verpönten Popkultur: Poetry Slams, Todesduelle, die oben bereits erwähnten Pangäischen Kochduelle! Wer in dieser Stadt weder Freunde noch passende Kultur findet, ist ein Banause ohnegleichen!

Nur schon die Sehenswürdigkeiten – versteckt zwischen monströsen Häuserschluchten im Grossstadtdschungel – können sich sehen lassen (Ja, dazu sind sie gar da!). Die Kathedrale der Verdammten, die Heldenstatuen der Umweltkriege, die antiken

Bäder des Heiligen Böhmischen Reiches der Wildschwein-Legionen. Das Monument der tausend Tränen; ein Brunnen, in dem exakt tausend Tränen von Schlangenbabys aufgefangen und seit Jahrmillionen von Becken zu Becken gespült wurden.

Die Bibliotheken der verfälschten Geschichte oder das Archiv des heiligen Felinen-Ordens. Die Galerie des Wissens oder die Ewige Vernissage des Nichts. Wo man auch hingeht, was man auch ansieht, nur Wunder und Abstraktes. Nur Staunen und gerunzelte Stirnen. Riesige Bauten. Gewaltige Monumente.

Zum Beispiel das Mausoleum der grossen Begründer, der sagenumwobenen und in Legenden gehüllten Erbauer Neu Gross-Pangäas. Ein gewaltiger Turm, der in der Mitte der Stadt über auch das höchste Gebäude hinausragt, bis das unsichtbare Ende von Wolken oder der Zentralperspektive verschluckt wird. Das heilige, nadelförmige Gebäude ist gar von den äussersten Rändern des Superkontinentes noch sichtbar und niemand weiss und will wissen, welchem Zweck es ursprünglich gedient hatte. Daher der Name des letzten Erbstückes der Erbauer: Mausoleum der Begründer.

Fortbewegung durch diese lebendigen Strassen und Wege ist nur zu Fuss, per Handrad* oder öffentlichem Verkehr möglich. Automobile und andere umweltschädliche Fortbewegungsmittel sind seit den grossen Umweltkriegen verpönt und verachtet. Öffentlicher Verkehr reicht von Reittieren, Rikschas, Bussen und Schnellzügen zu Kleinflugzeugen (betrieben mit Speisefett aus der karnivoren Panda-Küche) und den allseits beliebten Zeppelinen; steter Schmuck am Himmel der Stadt.

Doch wie bei allen grossen Zivilisationen brodelt unter der heiter-absurden Oberfläche dieser Idylle die Kriminalität in allen Formen und Farben. Da ein Taschendieb, hier ein Bankraub. Da handelt eine dubiose Hirschgestalt mit gefährdeten Lebewesen,

* In der Grundfunktion wie ein Fahrrad, es wird jedoch mit den Händen betrieben und besteht aus nur einem Rad (Monowheel), in dem man sitzt. Warum man es mit den Händen statt den Beinen betreibt ist selbst uns – den Autoren – nicht gänzlich klar.

zählt das Geld, leckt sich die Lippen. Der Käufer – ein Angehöriger der untersten Kaste des Geier-Gesindels – tut es ihr gleich, hat er doch endlich die nötigen Zutaten für die nächste Designer-Droge, den nächsten grossen Handel beisammen: Ein lebendes Exemplar eines nicht über die tierische Evolution* herausgekommenen Schrecklichen Pfeilgiftfrosches, ein im Wassertank gefangener Rochen mittlerer Intelligenz sowie eine nicht giftige Schlangenart, die er nicht wirklich zuordnen konnte. Sein Boss würde erfreut sein.

* Ah ja, die Evolution. Das ist so eine Sache: 400 Millionen Jahre in der Zukunft und ein kunterbunter Haufen von menschlichen Land- und Meerlebewesen, alle intelligent, alle kommunikationsbegabt, alle reden sie perfekt Englisch (Was wir für euch natürlich ins Deutsche übersetzen, keine Frage). Wo aber bleibt nun die Flora und Fauna? Pflanzen und Bäume sind eine Sache, die sind einfach da, klar. Aber was ist plötzlich mit der gesamten Tierwelt? Sind die jetzt nicht alle hochintelligent? Handelnde Faktoren und nicht blosser Schmuck? Wenn alle Tiere plötzlich humanoid sind, von was ernähren sich dann Fleischfresser (zum Beispiel die bereits angesprochenen karnivoren Pandas)? Haben die unfehlbaren Autoren etwa diesen Faktor übersehen? Mitnichten! Es ist ein Kunstgriff, der seinesgleichen sucht, also lies uns zu: Evolution funktioniert nach dem Prinzip der natürlichen Auslese, also die stärksten Varianten einer Art überleben. Zum Beispiel Katzen. Sowohl Tiger, Löwen, Hauskatzen sind nur Varianten derselben Münze. Was nun in den nächsten 400 Millionen Jahren so abgeht, ist ziemlich umständlich zu erklären, aber langer Rede kurzer Sinn: Zwar sind aus allen möglichen Tierarten (Ausser den Enten) humanoide Varianten hervorgegangen und haben sich in die Gesellschaft integriert, aber auch die tierischen Exemplare werden überlebensfähig geblieben sein. Fleisch für alle! Ausser für das vegane Löwenvolk und die vegetarischen Fuchshunde!

In irgendeiner dunklen Gasse wird ein loyaler Hundling kalt-blütig von einem wahnsinnigen Faultier bestialisch ermordet. Eine Fledermaus-Dame bietet sich willigen Kunden zu einem annehmbaren Preis an und ein Koala zieht sich die nächste Line. Eine Nacktschnecke handelt mit speziesübergreifender Porno-grafie und Gangs aus harten Känguranen und wilden Tarantulen bekriegen sich.

Drogen, Diebstahl, Mord und Totschlag. Alles läppische Ver-brechen, mit dem sich die übliche Polizei beschäftigen kann. Die Umwelt jedoch. Die Umwelt befindet sich in steter Gefahr durch die finsteren Machenschaften der L.I.G.A*, einem Bünd-nis zwielichtiger Gangster und Verbrecher mit nur einem Ziel: Die Ausbeutung der Umwelt für ihre eigenen bösen Ziele!

Und für eben derer Bekämpfung ist das B.U.R.E.A.U** zuständig.

* L.I.G.A: Liga Infernaler, Grausamer Anarchisten.
** B.U.R.E.A.U: Büro für Umweltschutz, zur Rettung der Enten und anderen Umweltdelikten. Wir werden fortan B.U.R.E.A.U als Bureau formulieren, um uns die Mühe zu sparen, jeweils Shift+B, Punkt, Shift+U, Punkt etc. schreiben zu müssen. Wir sind nicht faul, nur hochpraktikabel.

9

Stellen Sie sich also einen Planeten, einen Kontinenten, eine Stadt vor, regiert von zwei wohlwollenden Entitäten*/**/***; ein Universum, in dem Leben vom kosmischen Storch gegeben und vom kosmischen Storch genommen wird. Denn alles ist Staub, wird zu Staub, wird immer Staub sein. Und auf Staub wachsen unsere Pflanzen.

Neu Gross-Pangäa.
Die Welt, die Realität, in der Robert und Baum leben.

* Enltiltät: (Philosophie) Dasein im Unterschied zum Wesen eines Dinges / (Fachsprache) [gegebene] Grösse, Einheit
** Sind das etwa mehrere Fussnoten bei einem Wort? Richtig gesehen!
*** Mit den Entitäten meinen wir natürlich uns selber. Was hier jetzt im ersten Moment nach ausgewachsenem Grössenwahn tönt, basiert auf einem simplen Prinzip: Als Erzähler und Chronisten Neu Gross-Pangäas nehmen wir im narrativen Konstrukt dieses Buches – also innerhalb dieses in Worte und Sätze komprimierten Universums, wiederum innerhalb der Ihnen wahrnehmbaren Realität (dem für Sie realen Universum) – die simple Rolle der Wahrheit an. Und die Wahrheit ist verworren, keine Frage. So sind wir, Pink im Park, eigentlich ein Ich, welches bei der Geburt leider in zwei Persönlichkeiten (Fabian und Pierre) aufgespalten wurde. Zu allem Überfluss IN ZWEI UNTERSCHIEDLICHE KÖRPER! Schon genug? Es geht noch weiter! Neben der Rolle der simplen Erzähler nehmen wir innerhalb der Geschichte auch physisch an der Handlung teil, greifen ein und verformen was uns gerade gefällt. Wir (ich?) existieren also auf gleich drei Existenzebenen: Als nutzlose Autoren in der Gegenwart, als Wahrheit in der Fiktion und als physische Manifestation Gottes in einer weit entfernten Zukunft. Manche würden jetzt dagegen argumentieren, dass es vollkommen unmöglich sei, dass wir in 400 Millionen Jahren noch existieren würden und das Neu Gross-Pangäa ebenso nur ein fiktives Konstrukt sein kann. Fast richtig. Nichts jedoch spricht dagegen, dass wir wieder existieren können. Nichts spricht dagegen, dass im Zeitraum von 400 Millionen Jahren etwas derart Absurdes vonstattengehen könnte, dass sowohl die Menschheit als auch die Enten beinahe an den Rand der Vernichtung gebracht werden.
Oder um es mit Murphys Gesetz auszudrücken: Alles, was schief gehen kann, wird auch schief gehen. Oder: Alles Absurde, das zu irgendeinem Zeitpunkt geschehen kann, wird irgendwann geschehen.
Wie schon gesagt, alles sehr simpel.****
**** Haben wir schon erwähnt, dass wir Fussnoten lieben?

EPISODE 0:
DIE WEISSE WAHL

Die kalte Seeluft peitschte ihm ins Gesicht.

Der Regen prasselte auf die Fischerausrüstung, welche er sich eigens für diesen Ausflug auf Ebay ersteigert hatte. Blitze zuckten, Donner grollte, zeitlich versetzt versteht sich, um hier den Gesetzen der Physik nicht in die Quere zu kommen.

Er liebte die See. Hatte sie immer geliebt. Egal, ob stürmisch und wild, ob aufwühlend und aufbrausend oder ruhig, schwankend und melancholisch. Auf hoher See, in den Fluten des Meeres, dem weiten Ozean fand er immer Ruhe. Fand er immer Entspannung.

Doch heute war es anders.

«Mann über Bord!», riss ihn der Ruf des Kapitäns aus den Gedanken.

«Mann über Bord!», ertönte es erneut.

Robert begab sich zur Reling und liess den Blick über die stürmische, schwarze Suppe schweifen. Der schiffseigene Scheinwerfer zirkulierte über das Wasser und pendelte sich schliesslich ein. Rettungsringe wurden ausgeworfen, Rufe erschallten, die Mannschaft eilte, zog, stampfte, tanzte den Tanz ihrer mühseligen Arbeit.

Robert erhaschte einen Blick auf den Mann in Not.

Dabei handelte es sich jedoch keineswegs um eine Person aus Fleisch und Blut, nein, vielmehr handelte es sich bei dem im Rettungsring hängenden Verunglückten um einen Baum.

Hatte er es doch gleich gewusst! Verdammter Anfänger! Man sollte niemals einen Amateur bei seiner ersten Mission mit auf ein Schiff nehmen. Schon gar nicht während dieses Jahrhundertsturms. Schon gar nicht jetzt!

Einige Matrosen hievten das nasse und schlotternde Stück Holz an Bord. Es zitterte wie Espenlaub. Neben einer Tasse Pfefferminztee, die er angeekelt ablehnte, wurde ihm auch eine Baumwolldecke übergeworfen.

«Wer zur Hölle ist dieser junge Schnösel?», schnauzte der Kapitän, ein harter, graubärtiger Mann, der dafür bekannt war, kein Blatt vor den Mund zu nehmen.

«Unser neuer Praktikant», murmelte Robert geistesabwesend, jedoch nicht ohne Abscheu und blätterte in der Passagierliste.

«Er nennt sich», brummte er weiter, «Baum?»

«Baum?», fragte der Kapitän skeptisch.

«Baum», meinte Baum, nach Luft und einem Lächeln auf seinen knorrigen Lippen ringend. «Danke für eben. War noch nie auf dem grossen Ozean.»

Hatte er es doch gleich gewusst!

«Green!», knurrte der Kapitän und Robert blickte ihm in die eisgrauen Augen, «Behalten Sie Ihren Partner im Auge! Ich riskiere weder Schiff noch Crew noch das Leben dieses», sein Blick ruhte auf Baum, während er die richtigen Worte suchte, «noch das Leben dieses Baumes, nur um alte Schulden zu begleichen.»

«Es geht nicht nur um alte Schulden, Käpt'n», erwiderte Robert ernst. «Es geht um Grösseres.»

«Bei Ihnen geht es wohl immer um was Grösseres?», kommentierte der Kapitän angepisst. Er machte auf dem Absatz kehrt und schien gehen zu wollen, was Robert begrüsst hätte, doch zuvor legte er dem Baum seine schweren, schwieligen Hände

auf das, was er für die Schultern hielt. «Mein Beileid für Ihren Partner.»

Baum hob verwirrt die Brauen. «Wieso? Agent Green ist eine Legende!»

«Eben», brummte der Kapitän und humpelte davon, Befehle und Beleidigungen schreiend, welche bald vom grollenden Donner des Sturmes verschluckt wurden.

Sie erreichten ihr Ziel. Und ihr Ziel war nicht mehr und nicht weniger als das, was sich dort befand. Schwarzer, wilder Ozean, welcher sich am Anker des Schiffes gütlich tat.

«Das ist die Stelle», verkündete Robert.

«Das hier ist die Stelle?» fragte Baum und blickte in die tiefblauen Untiefen. «Was für eine Stelle?»

«Unser Ziel. Unsere Mission», meinte Robert, «Dem Bureau gelang es vor rund einer Woche, einen Teil einer Bioterroristen-Zelle ausfindig zu machen. Meine Aufgabe …»

Baum räusperte sich vehement.

«UNSERE Aufgabe», korrigierte sich Green wiederwillig, «wird es sein, den Anführer der Zelle, ein gewisser Käpt'n Ahab, festzunehmen und zu extrahieren.»

Baum nahm das ihm hingestreckte Foto entgegen. Das Bild zeigte einen alten, vom Leben gezeichneten Mann mit ledriger und narbiger Haut. Das Haar so zerzaust und unordentlich, wie sein Bart. Sein Blick so wirr und stechend wie der Wahnsinn, der diese Kreatur befallen haben musste.

«Wirkt sympathisch», kommentierte Baum mit einem Lächeln auf seinen Baumrinden-Lippen, aus dem Robert nicht so recht schlau werden wollte.

Er fragte: «Meinst du das?»

«Mein ich was?»

«Sympathisch?» Er deutete auf das Polaroidfoto. «Dieser Mann?»

«Natürlich nicht!»

«Ah.»

Baum warf einen ratlosen Blick um sich. «Wir sind also hier. Am Ziel. Aber einen Ahab sehe ich nicht.»

Green verdrehte die Augen und dann sich selbst und holte unter den Planken eine Sauerstoffflasche hervor. «Das liegt vielleicht daran, dass sich Ahab und seine Komplizen direkt unter uns befinden.»

Baum räusperte sich verunsichert: «Unter uns?»

«Unter uns.»

«Und wir tauchen da runter?»

«Hast du was dagegen, Junge?»

Baum winkte verunsichert ab. «Nein. Nein, nur…»

«Nur was?», schnauzte Robert, welcher längst seine Taucherausrüstung zusammenschraubte.

«Ich bin ein Baum. Bäume sind nicht wirklich bekannt dafür, tauchen zu können.» Er ahmte mit seinen Ästen eine wellenförmige Bewegung nach. «Wir schwimmen eher.» Betreten mied er Roberts Blick.

«Wenn du 17 Jahre für das Bureau gearbeitet hast, dann weisst du, dass die Jungs in der Entwicklung an alles denken. <u>Alles</u>!», unterstrich er das letzte Wort noch einmal.

Nun ja. Die Entwicklung mochte an wirklich alles denken, dachte sich Baum, während er seinem rasselnden Atem und den kleinen Explosionen aus Luftblasen lauschte, aber die Gedankengänge in der Entwicklung konnten nicht allzu komplex sein. Er fragte sich noch, wie er sich am Meeresgrund aus dieser Ritterrüstung aus purem Blei befreien könnte, bevor er, gefolgt von Robert Green, in der kalten Schwärze verschwand.

«Robert Green!», erschallte die Stimme. Eine mächtige, tiefe, raue Stimme. Wild wie die See, hart wie der Fels, an denen Tonnen von Wassermassen zerschellten. Beim Klang seiner Worte sträubte sich Baums Rinde und er schüttelte seine nasse Krone, getrieben von Kälte und Ekel.

«Robert Green!», erschallte die Stimme. «Und…», Stille folgte, nur tropfendes Nass und die gurgelnde Nähe des Ozeans war zu vernehmen, als sich schliesslich eine mächtige Hand unter Baums hölzernes Kinn legte. Es anhob. Und den jungen Agenten in die eisig kalten Augen ihres Gegners blicken liess. «Und ein Baum?»

16

Was Baum vor sich sah, war eine Mischung aus Abraham Lincoln, einem kanadischen Holzfäller und berechnendem Wahnsinn. Eine feine Narbe zog sich über sein rechtes Auge und verschwand in einem gräulichen Backenbart. Das Alter hatte sich in Form von Falten in sein Gesicht gefressen.

Ahabs Hand löste sich von der Rinde und die Bestie von einem Mann wendete sich ganz dem anderen zu. «Wohl ein neuer Partner, Greenie-Boy. Nicht das, was ich erwartet hätte, aber sicherlich etwas Neues. Da hat sich das Bureau ja wirklich was überlegt.»

«Das Bureau», presste Robert mühsam zwischen seinen Zähnen hervor, «ist ständig darum bemüht, die Welt vor Leuten wie dir zu bewahren.»

«Und wir sind ständig darum bemüht, das Bureau bei Laune zu halten», erwiderte Ahab, packte Robert bei seinen Haaren und zwang ihn, ihm ins Gesicht zu sehen. Seine Worte waren nicht mehr als ein Hauch, als sie die knorrigen Gehörgänge Baums erreichten: «Und siehe da, in welch missliche Lage dich das gebracht hat, Robert.»

Eine missliche Lage, wahrlich. Keine Stunde zuvor hatten sich Robert und Baum Zutritt zu Ahabs Unterwasserbasis verschafft, was unter anderem den Einsatz von TNT, einem militärisch ausgebildeten Kampffisch und einem Stückchen Erdbeertorte erforderte, doch das war eine komplett andere Geschichte, auf die hier nicht weiter eingegangen werden sollte.

Lange Geschichte, kurzer Sinn: Sie fanden sich wenig später umzingelt von Oktopus-Gorilla-Chimären wieder, intelligenten Mutanten, geschaffen aus dem dunklen Bedürfnis heraus, die Stärken zweier Arten, zweier Rassen zu vereinen. Aquatische Monster mit der Stärke und Intelligenz von Menschenaffen, mit den Atemorganen und der natürlichen Tarnfähigkeit des gewöhnlichen Oktopus.

Ihre in Uniformen gepressten stolzen Körper schmückten tentaklige Schädel von Oktopoden, ihre Gehirnsäcke weit über die Schultern hängend wie bunte Mützen von bekifften Rastafari. Ihre Harpunen zielgenau auf unsere Helden gerichtet.

«Ich hoffe, es geht alles nach Plan?», durchbrach Baums Frage die betäubende Stille, während er langsam seine Äste zur Kapitulation hob und Robert konnte aus seinem Tonfall nicht wirklich lesen, ob er da nun einen Hauch Hoffnung, eine Prise heftige Naivität oder eine deftige Portion Sarkasmus heraushörte.

Der in die Jahre gekommene Agent brummte motivationslos und hob ebenfalls die Hände. «Ganz recht Baum», meinte er, «alles verläuft exakt nach Plan.»

Leute belügen hatte Green schon immer recht gut gekonnt.

Vor allem aber sich selbst.

«Was ist es also dieses Mal, Green», riss Ahab mit seiner eisigen Stimme den Baum aus seinen Erinnerungen, «dass das Bureau seinen besten, ja legendärsten Agenten ins Feld schickt?» Der Bösewicht stellte sich vor eine gigantische Sichtluke und blickte in die Untiefen des Meeres.

Ob es Nacht oder Tag war, vermochte man nicht zu sagen und auch wenn die Sonne am Himmel stand, so vermutete Baum, war es hier noch immer finster und kalt. Eine passende Umgebung für diesen Bösewicht, der sich in Lügen und Legenden hüllte.

«Robert Green», murmelte Ahab nachdenklich. «Der Jäger. Der Berg.» Er blickte verächtlich über die Schultern: «Erzfeind vieler. Freund eines Keinen.» Mit tanzhaften Schritten gelangte er zu Baum und packte ihn bei seiner Baumkrone.

«Du! Dein Name!», bellte er.

«Baum.»

«Ich hab dich nach deinem Namen gefragt, Junge, nicht deiner Rasse», knurrte Ahab.

«Baum», wiederholte Baum eingeschüchtert. «Mein Name ist Baum.»

Ahab blieb für einen Moment verdutzt stehen. «Du bist ein Baum, der Baum heisst?»

«Äh», Baum war ratlos, «ja?»

«Das ist ja wie ein Chinese, der Chinese heisst!», prustete Ahab und blickte in die Runde, in der ernsthaften Erwartung, Anklang und Gelächter vorzufinden.

Das war aus folgenden Gründen nicht möglich:

1. Baum war zu verängstigt und der Witz ging auf seine Kosten.

2. Ahabs Schergen bestanden ausschliesslich aus halbintelligenten, mutierten Oktopus-Humanoiden ohne jeglichen Sinn für Rassismus, allerdings für Humor, jedoch zu dumm, um den Witz zu chocken.

und

3. Robert Green lachte nicht.

Missmut zeichnete sich in die garstige Haut des Übeltäters, Mordlust legte sich in seine Augen, doch er sah davon ab, sich weiter an Baum zu vergehen oder seine Schergen zu bestrafen. Vorerst. «Nun, Baum», zischte er, «Weisst du eigentlich, mit wem dich da das Bureau überhaupt zusammengetan hat? Wer dein Partner ist?» Sein Gesicht kam Baum unangenehm nahe: «Weisst du eigentlich, wer Robert Green wirklich ist?»

«Natürlich.»

«Ah ja», meinte Ahab mit einem boshaften Grinsen auf den Lippen. «Erzähl es mir!»

«Robert Green», begann Baum.

«Ja?»

«Erzfeind vieler», presste das Grüngewächs über seine Lippen, blickte Ahab in die Augen und schrie: «Held eines jeden!» Mit diesen Worten packte der junge Agent seinen Gegner am Hinterkopf und schleuderte ihn brutal gegen die Wand!

Mit einer kleinen Bewegung katapultierte er seine Fäuste in den nächstbesten Oktopoden-Mutanten, welcher wimmernd zu Boden ging, während Baum bereits die Wachen Roberts mit peitschenden und wirbelnden Tentakeln in die Zange nahm.

Ahab richtete sich brüllend vor Schmerz wieder auf, Wut und Wahnsinn in den Augen, doch eben leider – zu seinem eigenen Nachteil – auch eine Harpune von Robert ins Gesicht gestreckt.

«Keinen Schritt weiter, nicht die kleinste Bewegung, Ahab», murrte Green und blickte den alten Käpt'n mit einer Mischung aus Teilnahmslosigkeit und Geringschätzung an.

«Gar nicht so nutzlos, dein neuer Partner», meinte Ahab und hob langsam die Hände.

Robert hielt ihm die Harpune noch näher ans Gesicht: «Das lässt du doch lieber mich entscheiden.» Er nickte seinem neuen Partner leicht, stumm, aber doch anerkennend zu. Dann wandte er sich wieder an Ahab und dessen Crew. «Was ist dein Plan, alter Seebär?»

«Mein Plan?», wiederholte der Schurke amüsiert. «Meinst du nicht», flüsterte er grinsend, «UNSEREN Plan!» Mit diesen Worten riss Ahab Robert die Harpune aus der Hand und warf sie beiseite. Seine dicken Krallen schlossen sich um den dünnen Hals des alternden Agenten und mit leichtem Amüsement stemmte der Wahnsinnige einen zappelnden Robert in die Luft.

«Du musst wissen, Greenie-Boy, du bist die einzige Bedrohung für unsere Pläne. Das Bureau? Inkompetent. Die Regierung

Gross Neu-Pangäas? Nutzlos. Doch du…»

Robert japste nach Luft.

«Du bist der Einzige, der uns im Wege steht.»

Gerade, als Ahab mit seiner gewaltigen Faust zu einem zerschmetternden Schlag ausholen wollte, um Robert Green den Garaus zu machen, kippte dieser leblos vornüber.

«Alles klar?», fragte Baum, als er seinem Partner unter dem Koloss hervorhalf.

Robert bemerkte die Harpune in Ahabs Hinterkopf, bemerkte das Blut, bemerkte die Sicherheit, mit welcher der Schuss abgegeben worden war.

«Warst du das?»

«Kannst du bitte zuerst meine Frage beantworten?»

«Welche Frage?»

«Ob es dir gut geht?»

Das war eine Frage, die Robert lange nicht mehr gehört hatte.

«Um ehrlich zu sein: Keine Ahnung. Aber wenn Ahab das gemeint hat, was ich denke, was er meinte, dann ist Neu Gross-Pangäa in grossen Schwierigkeiten.» Er blickte auf den leblosen Körper Ahabs.

Wirklich grossen Schwierigkeiten.

«Was ist mit den Oktopoden-Mutanten?», fragte Baum.

«Wir lassen sie gehen», antwortete Robert und zupfte sich seinen Kragen zurecht, «ohne Führung sind sie nichts weiter als harmlose Oktopoden. Auf zwei Beinen. In Uniformen, die sie wahrscheinlich nicht einmal selber anziehen können. Aber nichtsdestotrotz sind sie lebende Individuen. Wir werden jemanden vom Bureau damit beauftragen, ab und zu nach dem Rechten zu sehen.»

Er deutete auf Ahabs Leiche.

«Also», brummte er, «warst du das?»

Baum nickte.

Robert klopfte Baum auf die dürren Schultern.

«Gute Arbeit, mein Junge.»

IN EINER ZEIT, IN DER
UMWELTVERSCHMUTZUNG
UNSER GRÖSSTES PROBLEM
IST. IN EINER WELT, IN DER
PASSIVES RAUCHEN
VERBOTEN, ABER DER
PASSIVEN EINNAHME
VON CO_2 KEIN EINHALT
GEBOTEN WIRD.
WENN ALLES, WAS DU FÜR
RICHTIG HÄLTST, FALSCH IST!

KANN NUR EIN MANN
... UND EIN BAUM,
DIE WELT VOR DEM
VERDERBEN BEWAHREN!

HEUTE ABEND.
ALSO JETZT.
HIER AUF DEN NÄCHSTEN
SEITEN!

PINK IM PARK PRÄSENTIERT:

EINE NEUE EPISODE VON

IN GRÜNER EMISSION.

EPISODE 1:
DAS HOLZ, AUS DEM HELDEN GESCHNITZT SIND!

Was in der ersten Episode geschehen wird:

Im Kampf gegen das schmutzige Verbrechen steht der altgediente Umweltaktivist Robert Green kurz vor seinem Ruhestand. Nur noch ganze zehn Jahre trennen ihn von seiner wohlverdienten Pension. Doch genau zu dieser Zeit wird dem grimmigen Pessimisten von einem Mann, ein neuer Partner zugeteilt.

«Ich, der Baum.»

Baum, geschaffen aus den Überresten toter Wurzeln, Beeren und genmanipuliertem Mais, ist in die Welt zurückgekehrt, um gegen Abholzung, Waldbrände und den Bau neuer Autobahnen zu kämpfen. Erleben Sie also nun das erste Zusammentreffen dieser beiden – doch sehr unterschiedlichen – Helden.

Erleben Sie nun den Beginn eines Abenteuers, welches die Geschichte der Umwelt für immer verändern wird!

«Hallo Robert!»

«Wer zum Kuck… Was zum Kuckuck bist du?»

«Ich bin eine Eiche.»

«Ein Baum?»

«Nein, eine Lärche!»

«Was?»

«Ich bin dein neuer Partner!»

«Wie bitte?»

«Wir werden unendlich viel Spass zusammen haben!»

«Neiiiiiin!»

Ehe sich Robert versehen kann, findet er sich auf der Suche nach einem kleinkriminellen Plutonium-Schmuggler in den Gassen einer unbekannten Stadt wieder. Die Suche gestaltet sich harziger als erwartet, doch unsere Helden schrecken im Kampf gegen die Umweltverschmutzung selbst vor Überstunden nicht zurück.

«Moment…»

Doch von dem kleinkriminellen Plutonium-Schmuggler fehlt jede Spur. Als einziger Hinweis dient unseren Helden die mehr als ungenaue Beschreibung eines Tattoos. Eines Tattoos im Zeichen der Umweltzerstörung. Das Tattoo eines verdorrten Baumes!

Die Arbeit trägt schliesslich Früchte, denn genau in dem Moment, als Robert und Baum sich in einem biobotanischen Stripclub eine kleine Pause gönnen wollen, um sich ein paar Äpfel, Melonen und Brüste reinzuziehen, stellt Baum etwas Entsetzliches fest.

«Robert! Diese Stripperin hält mir ihre Nüsse ins Gesicht!»

«Das ist auch keine Stripperin, Baum. Es ist ein Stripper!»

«Was?»

«Und das ist auch kein normaler Stripclub. Es... ist ein schwuler Stripclub!»

Genau in dem Moment, als sich Baum angeekelt von Nuss und Eichel abwenden will, erhascht er einen Blick auf den Rücken der, äh, des Strippers.

«Robert! Schau da!»

Und wer hätte das gedacht, was für ein Zufall, so etwas würde in Filmen aber wirklich niemals passieren, da auf dem Rücken ein Tattoo und das Tattoo zeigt:

«Der verdorrte Baum, Robert, der verdorrte Baum!»

Noch bevor einer der beiden auch nur reagieren kann, ergreift der Bösewicht die Flucht.

«Aus dem Weg, ihr Spasten!»

Mit einem mehr als filmreifen Sprung fällt Robert zu Boden und es liegt an Baum, die Verfolgung aufzunehmen.

«Im Namen des Kyoto-Protokolles, stopp!»

Natürlich kommt der Ganove gar nicht auf die Idee zu stoppen, nein, stattdessen hechtet er aus einem Fenster...

neben einer Tür und kann so seine Verfolger für kurze Zeit abschütteln. Mit einem Koffer voller atomkraftwerkfähigen Plutoniums beginnt nun eine rasante Flucht über die Dächer der Stadt. Baum, dem Schmuggler dicht auf den Fersen, schlägt keine Wurzeln, sondern schwingt sich von Dach zu Dach, den Abstand zwischen den beiden stetig verringernd. Schliesslich gelingt es ihm, den Flüchtigen in die Enge zu treiben, doch diesen scheint das nicht im Mindesten zu beeindrucken.

«Einen Schritt weiter und ich verstrahle mit dem Plutonium die Stadt!»

Baum, gestellt vor ein unlösbares Dilemma, hält inne.

Was soll er tun?

Was ist der richtige Weg?

Wie weit darf man gehen, um die Umwelt zu retten?

Noch bevor unser frischgebackener Held eine Lösung zu diesen Fragen aller Fragen finden kann, taucht wie aus dem Nichts Robert auf und schlägt den Übeltäter mit einem Greenhouse-Kick nieder.

DOCH DER KOFFER...

Prallt zu Boden…

DAS PLUTONIUM...

Zeitlupeeeee…

DURCH DIE LUFT WIRBELND...

Neiiiiii-…

ZU BODEN GLEITEND...

…-iiiiiii-…

DIE UMWELT VOR DEM ABGRUND...

-iiiiiiiiiiiiiiiin!

… Da gelingt es Baum,

die Katastrophe…

in letzter Sekunde,

abzuwenden.

«Robert! Robert! Ich hab es geschafft!»

«Ja, Baum, das hast du.»

«Bin ich jetzt ein Held, Robert?»

«Ja, Baum, du bist der grösste Held, mit dem ich je an einer Seite stehen durfte.»

x2

Beere-Blatt, Baum, Blatt-Blatt, Baum

Genug der Unterhaltung, wir wollen eigentlich reden.

Unser Planet geht zugrunde, wir tun nichts dagegen.

Mit jedem kleinen Schritt… geht es voran,

CO_2, Atomar… Bald bist du dran!

Beere-Blatt, Baum, Blatt-Blatt, Baum

Es sind nicht nur Nationen, nicht Grosskonzerne

Über die Frage der Verantwortung spalten sich Kerne!

Wer trägt die Schuld? Was soll man tun?

Gegen all diese Fragen, sind wir schon immun.

Wenn wir auch nur wollen, können wir was verbessern,
Rettet unsere Fische, rettet unsre Gewässer!
Wir wollen was tun, komm pack doch mit an!
Umweltschutz, Baybä, da ist was dran!

Es ist an der Zeit, es schlägt die letzte Stunde,
Was wir auch tun, es geht um jede Sekunde...

 x2

Beere-Blatt, Baum, Blatt-Blatt, Baum
...

«Baum, was machst du da?»
«Ich komponiere unsere Titelmelodie!»
«Für was brauchen wir eine Titelmelodie?»
«Jedes gute Heldenduo hat eine Titelmelodie!
Starsky und Hutch. Batman und Robin. Robert und Baum!»
«Wir sind keine Helden, wir sind Umweltaktivisten!»
«Oh, doch, wir sind Helden. Der Umwelt.»

FORTSETZUNG FOLGT!

(auf der nächsten Seite)

EPISODE 2:
DR. CRAZY ODER WIE ICH LERNTE DIE BÄUME ZU LIEBEN

Wir schreiben das Jahr 399'999'991* – ausgedrückt nach der primitiven Zeitrechnung des 21. Jahrhunderts. Ein dunkles Labor irgendwo im Nirgendwo. Eingelassen in einer Tropfsteinhöhle eines felsigen Stück Felsens, der frisch aus Mordor zu sein scheint. Gewitter. Donner und Blitz.** Ein Lichtblitz spiegelte sich für Sekundenbruchteile in einer Hornbrille. Ein diabolisches Lachen lässt den Leser zusammenfahren. In einem teuflischen Laborkittel tritt die Gestalt unter eine taumelnde, flackernde Glühbirne. Sie*** wird dafür verantwortlich sein, dass das folgende auch als definierendes Jahrzehnt**** bezeichnet wird.

Absolvent des Bachelor-Studiums an der Neu-Gross Pangäischen Universität in Mykologie im zarten Alter von 9 Jahren.

* Eigentlich könnten wir als Autoren jegliches Jahr schreiben, aber aufgrund der hohen Verdichtung von Neunen in einer Zahl, verwenden wir die gleiche Taktik, welche auch bei den Grosshändlern und Discountern des modernen Zeitalters sehr beliebt war.

** Als Stilmittel werden hier gekonnt Satzfragmente eingesetzt. Das Wetter wurde ausserdem so gewählt, um die Stimmung noch finsterer zu gestalten und einen wahrlich düsteren Auftritt für unseren gleich auftauchenden Protagonisten zu generieren.

*** Die Gestalt, nicht die Glühbirne.

**** «Das Jahrzehnt des Krieges» und «Der Millionenkrieg»***** waren dabei nur einige andere Bezeichnungen des beinahe 10 Jahre andauernden Krieges zwischen den humanoiden Tieren und ein paar durchgeknallten Umweltdoktoren und Pflanzenchirurgen. Diese vertraten die Meinung, dass die Flora ebenso ein Anrecht auf evolutionäre Entwicklungen zur humanoiden Form hat, wie es die Fauna bereits vorgemacht hatte. Deshalb schlossen sich die verrücktesten Wissenschaftler mit den wuschigsten Haaren, längsten Mänteln und ausgefallensten Brillengestellen zusammen und setzten sich zur Aufgabe, die inaktiven Pflanzen aufzuevolutionieren, was sogar Xzibit****** zu viel gewesen wäre.

***** Diesen Titel erhielt der Konflikt weder aufgrund der hohen Opferzahlen – es gab nur 5 – noch aufgrund der hohen Kosten – die meisten Kriegsutensilien wurden aus Recyclingmaterial hergestellt. Den Historikern gefiel der Ausdruck einfach so gut und sie fanden es irgendwie passend, da um die Jahrmillionenwende auch die Wende im Konflikt eintrat.

****** Nach dem Triumph über die wuschigen Wissenschaftler fand man auf ihren Computern Material, dem dieser Ausdruck zugrunde liegt. Daraus folgten auch Ausdrücke wie «Hör auf mich immer aufevolutionieren zu wollen!» oder «Jetzt mach nicht wieder den Xzibit!». Diese Redewendungen bezeichnen eine Handlung oder Person, die darauf abzielt, jemanden auf eine Art zu ändern, die derjenigen Person widerstrebt – gerne verwendet von aufmüpfigen Teenagern.

Master in Agrogentechnik mit Schwerpunkt auf *Zea mays* in den darauffolgenden Semesterferien und anschliessend den Doktortitel in Unsterblichkeit*.

Es sei vorgestellt: Doktor Colbertulius Roland Azis. Doch da er sich immer für seinen merkwürdigen Mittelnamen schämte, nennen wir ihn respektvoll Doktor Colbertulius R. Azis.

Die genauen Umstände, wie der Doktor von solch grossartigen Erfolgen - dem erkauften Doktortitel mal abgesehen - derart auf die düstere Seite abdriften konnte, bleibt weiterhin unklar. In alten Aufzeichnungen war von dem Umstand zu lesen, dass seine Eltern in einer dunklen Gasse hinter einem Theater von einer radioaktiven Spinne erschossen wurden, und das während eines kosmischen Sturmes. Und irgendwas von wegen «zerstörter Heimatplanet».

Doch dies ist nicht nur die Geschichte des Doktors, sondern auch die eines Experimentes, das nie hätte durchgeführt werden sollen.

Kurz nach Erreichen der Volljährigkeit begann Colbertulius damit, sein eigenes Labor zusammenzustellen. Er heuerte einen Assistenten an, der ihn bei der Arbeit unterstützen sollte und dabei auch immer wieder als Versuchskaninchen herhalten musste. Zusätzlich, um sich die Zeit zu vertreiben, tat er sich ein Kaninchen zu. An diesem testete Colbertulius neue Motivationstechniken aus, um das Selbstbewusstsein und den Drang, Neues zu versuchen, zu steigern.

Für 30 Jahre hatte nun schon niemand mehr den Doktor zu Gesicht bekommen. Manche erzählten sich, er sei tot. Andere aber glaubten, er lauere irgendwo, um im richtigen Moment zuzuschlagen.

---

* Angeblich von irgendeinem dubiosen Institut mit ehemaligem Sitz in Miami gekauft. Was kann er auch dafür, damals war er 10 Jahre alt! Allerdings macht sich so ein Doktortitel ziemlich gut auf dem Lebenslauf eines zukünftigen durchgeknallten Doktors.

Nun, die Wahrheit war, dass nach all den Jahren der Isolation nicht nur das Kaninchen «Fluffy», sondern auch der Doktor immer verwirrter und durchgedrehter wurde. Dass sein Assistent einst in einer Klapsmühle die Sommerferien verbracht hatte, half dabei auch nur bedingt. Durch die immer fortwährende Regression seiner geistigen Umnachtung musste er bald auch Defizite bezüglich motorischer Fähigkeiten hinnehmen. So hatte er bald Mühe mit dem Schreiben. Und anstatt sich jedes Mal mit seinem vollen Namen abzuquälen, wenn eine Unterschrift gefordert wurde, entschied er sich zu einem radikalen Schritt.

Fortan nannte er sich nicht mehr Doktor Colbertulius R. Azis, sondern Doktor C. R. Azis.

Dr. Crazy war geboren.

In ganz Pangäa verbreiteten sich die wildesten Gerüchte rund um den Doktor im Felsen. Und die Angst vor einem neuen Krieg liess die Gerüchte noch viel wildere Ausmasse annehmen.

Manche glaubten, dass er einen seiner Todesstrahlen an Saturn ausgetestet hatte, um dessen Ringe zu zerstören*, andere glaubten, er stecke hinter der Vernichtung einer riesigen Küstenstadt**, dessen Spuren erst gerade entdeckt wurden.

Mit solch einem vorauseilenden Ruf, haben sich natürlich bald auch andere Schurken mit ihm in Verbindung gesetzt. So bekam er eine Einladung zu einem Bankett mit Vinnie van der

---

* Saturns Ringe werden jedoch über die Dauer von 400 Millionen Jahren so stark erodieren, dass sie den heutigen Bildern – die einzigen, welche in der fernen Zukunft noch vorhanden sind – überhaupt nicht mehr ähneln und teils ganz verschwinden.

** Bei der grossen Küstenstadt wird es sich vermutlich um Miami Beach handeln. Erste Hinweise auf die grossen Küstenstädte unserer heutigen Zeit lassen sich bereits in 100 Millionen Jahren finden.

Pooh. Auch wurden ihm schon von verschiedenen Parteien mehrfach finanzielle Mittel und Ressourcen versprochen. Doch Dr. Crazy arbeitete allein. Mit einem Assistenten sowie einem Kaninchen und er verliess niemals seine felsige Umgebung.

«Schon wieder ein Dankesschreiben irgendeines Anarchisten.» Der Doktor mochte keine Verehrer. Diese stümperhaften Jugendlichen würden in seinem Namen kleinste Delikte verüben, die nichts mit ihm zu tun hatten.

Der Assistent meldete sich zu Wort: «In der Tat, dieses Lumpenpack!»

«Schnauze!» Der Doktor mochte keine Assistenten, die ihm zustimmten. Oder redeten.

«Sieh dir das an», er deutete auf die heutigen *Pangäa Times,* «eine Bande 18-Jähriger hat einen weissen Wal mit Kohle beworfen und behauptet, sie wären meine Untergebenen. Pah! Aber haben sie eine Traktionspumpe entwickelt, mit welcher man das Niedliche aus Kleintieren saugen kann? NEIN!»

«Bitte was?!», das Versuchskaninchen meldete sich törichterweise wieder zu Wort. Darauf folgte eine satte Ohrfeige mit dem Slapbot.

«Alles Niedliche. Rausgesaugt. Umgewandelt in Wasserdampf, der in die Atmosphäre geblasen wird. Und wie wir alle wissen, ist Wasserdampf eines der schlimmsten Treibhausgase, nicht wahr?»

Wenn dies ein Film wäre, er hätte an dieser Stelle geradewegs in die Kamera geblickt.

«Muahuahuahuahua!» Der Doktor liebte Pläne, die Gutes zerstören und gleichzeitig auch noch der Umwelt schaden.

«A…aber, so etwas ist doch krank», stammelte der Assistent, «das kann ich nicht zulassen!» Auf einmal klang seine Stimme gefasst. Er riss sich die Robe vom Kopf und offenbarte seine darunterliegende Weste, mit eingenähtem Logo des Bureaus. «Darf ich vorstellen: Max Records, Spezialeinheit des Bureaus! Und ich bin hier, um dich dingfest zu machen, *Roland* Azis.» Dabei betonte der Überraschungsgast den unbeliebten Vornamen des Doktors gewollt lächerlich.

«Ich hasse meinen zweiten Vornamen», presste er zwischen seinen Lippen hervor. «Das heisst DR. CRAZY, CRAZY!»

Mit diesem Identitätsschrei stiess sich der Doktor auf den Agenten und beide prallten zu Boden. Records war überrascht von der Schnelligkeit des alten Mannes, obwohl er nicht einmal wusste, wie alt dieser genau war.

«Lange genug hast du die Umwelt terrorisiert und die Kriegsmaschinerie unterstützt. Wir wissen, dass du für den tödlichen Nachschub an der Kissenschlacht verantwortlich warst. Dabei haben wir vier unserer Agenten verloren und es wurden 612 Mio. Tonnen CO_2 freigesetzt. Doch der Krieg endet heute Nacht!» Mit diesem Satz zückte Records einen Revolver und der Doktor machte einen Satz zur Seite. Die ersten beiden Schüsse gingen daneben, während der Doktor sich in hasenähnlichem Zickzack den Weg zu seinem Büro erhüpfte.

Hinter seinem Schreibtisch angekommen, fiel der nächste Schuss aus Max Records Waffe und streifte dabei die Stirn des Doktors und zerfetzte dessen Ohr.

«Das war dein grösster Fehler!», schrie Dr. Crazy, währenddessen Records sehr zufrieden mit sich war. Er hatte den Doktor in die Enge getrieben. Dann folgte, was wohl am besten als subatomares Summen beschrieben werden konnte.

Stille.

Keuchender Atem.

Dr. Crazy stand hinter seinem Schreibtisch. Er hielt sich die

Hand ans rechte Ohr, welches stark blutete und er atmete schwer. Vor ihm, im Türrahmen lagen nur noch die verkohlten Überreste des Agenten.

«Dein Krieg ist vorbei!»

Er hatte sämtliche Atome in Max Records Körper so stark zur Vibration getrieben, dass sich diese vom Körper gelöst haben und Records somit verdampfte.

«Ich, KRIEG nie genug! Muahuahua.»

Die Uhr schlug 14:00 Uhr, sie musste wohl stehen geblieben sein. Eigentlich war es schon weit nach 23:00 Uhr. Doch dies tat der Spannung keinen Abbruch.

Colbertulius Azis schlich sich in sein Labor. Gebückt, gezeichnet, mysteriös.

Er hatte nur ein Ziel: Das Kreieren einer neuen Wunderwaffe für den Krieg. Ein weiterer Schritt nach seinen diabolischen Pilzlingen und den teuflischen gemeinen Rüben. Das alles entscheidende Werkzeug, womit er den Zenit seines wissenschaftlichen Schaffens erreichen würde.

Wurzeln, Mais und das gewisse Etwas, mehr brauchte er nicht, um einen Gott unter den Halbgöttern zu erschaffen.

Synthesen, Extraktionen und weitere, um ein vielfaches kompliziertere, chemische, physikalische und biologische Prozesse, die nicht einmal ein ausgelernter Chemielaborant verstehen würde, fanden im Inneren des Felsens statt. Bis schliesslich – nach etlichen Fehlversuchen – ein einzelnes Korn übrig blieb. Ein Samen, dessen Stunde der Wahrheit nach drei Tagen des Keimens geschlagen hatte.

Würde seine von der Genfer und jeglichen anderen ehemaligen, zukünftigen und gegenwärtigen Konventionen geächtete Laune der «Natur» ein Lebenszeichen von sich geben?

Er benetzte das hervorblickende Produkt seines satanischen Genies vorsichtig mit Wasser.

Das Ding reckte seine Äste empor.

«Es lebt!», schrie der verrückte Doktor, als zeitgleich ein Blitz das Innere des Labors erhellte. Ja, das mit dem Timing hatte er schon immer gut gekonnt. Seine krächzende Stimme hallte von den Wänden und verschwand inmitten des Donners.

Das Produkt seines intellektuellen Seins würde in den nächsten zehn Jahren einem Äquivalent von 300 Jahren wachsen. Alles dank Wachstumshormonen.

Wir springen also zehn Jahre in die Zukunft.

Nach Jahrzehnten der Stille würde sein General des Todes ein ganz neues Zeitalter der Umweltzerstörung einläuten. Nun war der Anführer für Crazys Armee bereit zum Kampf. «Nun, mein majestätischer Baum, nimm meine Traktionspumpe und begib dich auf eine Tour der Zerstörung!»

«Bitte?» Das erste Wort des Baumes.

«Bitte, was?», Dr. Crazy wirkte verdutzt. Zu Recht.

«Sie haben nicht Bitte gesagt.»

«Ich bin dein Herr und Gebieter, dein Erschaffer und Erzeuger, was zum Teufel glaubst du eigentlich, wer du bist?!», brüllte Dr. Crazy, der sich kaum im Zaum halten konnte.

«Ich bin ein majestätischer Baum. Und ich werde keine Sekunde dein Treiben unterstützen. Das Bureau wartet auf Insiderinformationen betreffend deiner Experimente und Erfindungen. Ich darf keine Zeit verlieren!», sprach der Baum und sprang aus dem Fenster, rollte sich an den Felsen hinunter und rannte dem Sonnenuntergang entgegen. Doch die Reise zum Bureau würde eine anstrengende, temperaturschwankende Tortur werden.

EPILOG:

Alle Informationen, die er während seiner Zeit bei Dr. Crazy aufnehmen konnte, offenbarte er dem Bureau mit stolzer Brust, das hätte sein Vater so gewollt.* Er erhielt sogar eine Medaille für seine Taten zur Rettung der Umwelt, die sogenannte Goldene Ente. Bis auf einen grimmigen Gesellen schienen bei der Übergabe alle sichtlich froh zu sein, mit den Umweltkriegen endlich abzuschliessen. Endlich den grössten Kriegsverbrecher schnappen zu können, nach all den Jahren.

«Nun, Sportsfreund, wir würden Sie gerne unter uns aufnehmen. Wie lautet Ihr voller Name?»

«Nun, äh, majestätischer Baum.»

«Na dann, willkommen beim B.U.R.E.A.U., Agent Baum!»

Unterdessen im Nirgendwo: «Na, Fluffy, was kreieren wir als nächstes? Hm? Eine Flughörnchenarmee, Rennschneckenartillerie oder einen Gorilla mit dem Intellekt dazu, das Universum zu zerstören?»

Leser: Wenn Baum das einzige intelligente pflanzliche Wesen ist, wie erklärt man dann Rose Honeymoon? F & P: Ääähh, naja das... äh, ist so... äh... (Siehe Episode 8)

Disclaimer: Jegliche Verwandtschaften mit DC oder speziell Marvel-Figuren ist entweder rein zufällig oder gewollt satirisch gewählt. Eigentlich müsste man so was gar nicht reinschreiben, man müsste den Leuten genug Intelligenz zutrauen können, aber man weiss ja nie.

---

* Was Dr. Crazy nicht bedacht hatte, war, dass atomare Teile von Max Records noch immer in der Luft seines Labors schwebten und sich mit der DNA des Baum-Hybriden verbanden. Somit trieb es Majestätischer Baum von Beginn an zur guten Seite.

EPISODE 3:
DIE ANTWORT AUF DAS LEBEN, DAS UNIVERSUM UND DEN TURM

von Stefan Weisskopf

In dem wohlgeordneten Chaos Neu Gross-Pangäas gibt es das ungeschriebene Gesetz, nur nach vorne zu blicken. Denn in einer Welt, in der die Evolution, dieser alte Spitzbube, fast alle Lebewesen auf eine Stufe gestellt hat, verspürt niemand den Wunsch, in den dunklen Analen der Geschichte zu wühlen. Böse Gerüchte behaupten jedoch, dass nicht nur die Welt an sich, sondern auch Flora und Fauna komplett anders, verstritten und getrennt wären. Und diese Vorstellung ist sowohl vollständig absurd als auch nicht die Saubohne interessant.*

Darum wurde das Forschen nach allem, was weiter in der Vergangenheit liegt, als die grosse Relöwution** bei Strafe verboten. Auf das Vergehen der Granyologie, wie es bezeichnet wird, ist ein ganz besonderes Strafmass angesetzt: Man wird gezwungen, an 57 aufeinanderfolgenden Abenden bei einer Stand-up-Comedy-Show der Hai-Humanoiden im Anzug beizuwohnen. Denn ihre bissigen Kommentare sind, so lustig sie zu Beginn auch sein mögen, bei grosser Anhäufung nicht nur öde, son-

---

* «Nicht die Saubohne interessant» ist ein in Neu Gross-Pangäa geläufiger Ausdruck. Dies liegt an den Hochgewachsenen Himalayanischen Saubohnen-Mutanten, welche sich als oberstes Ziel gesetzt haben, allen Lebewesen, die ihnen begegnen, die ganze Geschichte, die Lebensart und die Entstehung der Hochgewachsenen Himalayanischen Saubohnen-Mutanten im Detail zu berichten. Und auch wenn die Geschichte eigentlich nur besagt, dass sie aufgrund der im Umweltkrieg gezündeten Fluor-Gold-Bombe zum Leben erwachten und sich anschliessend zum obersten Ziel gesetzt haben, alle über ihre Lebensart und Entstehung zu informieren, verstehen die Hochgewachsenen Himalayanischen Saubohnen-Mutanten darüber wochenlang zu philosophieren und den Zuhörer nicht fliehen zu lassen.

** Die Relöwution bezeichnet ein dunkles Kapitel, welches den letztendlich gescheiterten Versuch beschreibt, den die Löwengeschöpfe unternahmen, um die Weltmacht an sich zu reissen und ihre Rasse zum Königsvolk von Neu Gross-Pangäa zu erklären.

dern kommen einer auditorischen Zerfleischung gleich.

Doch es gibt eine geheime Untergrundorganisation, die sich der Lösung und der Wiederherstellung der Geheimnisse der Altvorderzeit, wie sie von dieser Gruppe ge-nannt wird, angenommen hat.

Und ich stelle euch einer der wohl unauffälligsten in dieser Forscher-gruppe, welche den mystischen Namen JONIND* trägt, vor. Dabei handelt es sich um den Chamä-leon-Humanoiden Philipp. Unauf-fällig ist er nicht etwa, weil er untä-tig oder nicht erfolgreich in seiner Arbeit wäre. Ganz und gar nicht. Philipp gehört aufgrund seines Wissens auf dem Gebiet der Alt-vorderzeit eigentlich zu den füh-renden Experten. Blöd nur, dass er aufgrund seiner Paranoia dazu neigt, sich in Gesellschaft an-derer intelligenter Lebens-formen unbewusst zu tarnen und im Hintergrund zu ver-schwinden. Was natürlich aufgrund seiner Fähigkeit, sein Aussehen der Umgebung anzupassen, sehr gut funktioniert. Die plötzliche Tarnung dürfte wohl auch der Hauptgrund dafür sein, dass in der ganzen JONIND-Orga-nisation niemand den Namen Philipp kennt.

Doch Philipp lässt sich davon nicht unterkriegen. Er ist und bleibt ein begeisterter Altertumsforscher. Unaufhörlich stürzt er sich von einem aufregenden Abenteuer ins nächste. Denn

* JONIND ist die Abkürzung für Jones Indiana. Aufgrund der anfänglichen Nachforschungen der Organisation musste er einer der grössten und erfolgreichsten Archäologen gewesen sein.

bei Philipp ist es im Gegensatz zu allen anderen Mitgliedern der JONIND so gut wie unmöglich, eine normale und lehrreiche Forschungsexpedition durchzuführen, ohne dass er in irgendwelche Schwierigkeiten verwickelt wird, in die Mitte eines Konfliktes gerät, unbemerkt einen Krieg auslöst oder ein Landstrich zerstört wird.

In diesen misslichen Situationen hat der farbenfröhliche Archäologe die Fähigkeit oder den Fluch der plötzlichen Tarnung perfektioniert. Besonders in letzter Zeit findet sich Philipp immer wieder in ungünstigen, beängstigenden und/oder gefährlichen Situationen wieder.

Da war zum Beispiel das eine Mal, als er sich auf die Suche nach der sagenumwobenen versunkenen Meermenschen-Stadt Amsterdam machte, welche sich irgendwo im Gebiet des Blasebalg-Oktagon* befinden sollte.

In seinem selber hergestellten Taucheranzug** auf dem Grund genau dieses Bereiches des unendlichen Meeres nach Hinweisen suchend, wurde er beinahe von einem Baum zerquetscht. Denn dieses dämliche Geschöpf befand sich aus weiss Neptun was für idiotischen Gründen in einem Taucheranzug komplett aus Blei und senkte sich dadurch rasant in Richtung Meeresgrund.

Im letzten Moment konnte sich Philipp noch zur Seite retten und sich so schnell wie für einen Chamäleon-Humanoiden nur irgendwie möglich aus dem Staub... äh dem Schlamm machen.

Mit Kopfschmerzen öffnete Philipp seine Augen und war sich nicht ganz sicher, ob der sich ihm bietende Anblick nun real oder nur eine optische Täuschung war. War er auf seiner Flucht

---

* Das Blasebalg-Oktagon ist ein dunkler und aus noch ungeklärten Gründen immer stürmischer siebeneckiger Bereich (ja, der Namengeber war ganz schlecht in altgriechischer Namensgebung), welcher sich südöstlich von Neu Gross-Pangäa befindet und in dem stetig Schiffe verschwinden.
** Falls Philipp überhaupt je Kleider trug, waren es immer komplett durchsichtige Produkte, damit er durch ihre Anwesenheit nicht plötzlich enttarnt werden würde.

Kopf voran auf Amsterdam gestossen?

Philipp schüttelte den Kopf, richtete sich auf und nach einer kurzen Betrachtung des Gebäudes wurde ihm klar, dass sich die massiven Tore niemals länger als 2 Jahre unter Wasser befinden konnten. Nichtsdestoweniger war sein Interesse an diesem ungewöhnlichen und äusserst harten Fund geweckt.

Dank seiner Fähigkeit der Tarnung gelangte er komplett unbemerkt zusammen mit einer Oktopus-Gorilla-Chimäre in das Innere dieser Monstrosität.

So konnte sich der Archäologe auf seine Suche machen. Gerade als er sich mit den Inschriften auf dem Tor beschäftigen wollte, wurde diese mit einem riesigen Knall aufgesprengt und ein Kampffisch schnellte hinein, gefolgt von zwei im Rauch äusserst dubios wirkenden Gestalten, welche dem Kampffisch dankten und ihn bezahlten. Mit Erdbeertorte!*

Völlig verwirrt über diese Vorgänge, enttäuscht über die Nichtentdeckung von Amsterdam und mit einem durch die Explosion ausgelösten, beinahe unerträglichen Pfeifen im Ohr, welches ihn vermutlich bis an sein Lebensende begleiten wird, verschwand Philipp schnell und unbemerkt zurück nach Neu Gross-Pangäa.

Nach seiner obligaten Ruhepause von drei Tagen** machte sich der unaufhaltsame Forscher erneut auf, um eine Entdeckungstour zu bestreiten. Aber dieses Mal an Land! Und mit Tinnitus anstatt mit Oktopus.

---

* Diese Art der Bezahlung liegt nicht an der neusten Änderung der Grossbank, was das Zahlungssystem betraf (Solche Änderungen kommen alle vier bis fünf Jahre vor, so dass niemals über längere Zeit die gleichen Lebewesen die reichsten sind). Nein. Das liegt einzig und allein daran, dass Kampffische Erdbeertorte lieben... und sie unter Wasser selbst nicht herstellen können.
** Jede Spezies entwickelte aufgrund unterschiedlicher Anforderungen verschiedene «Wochenabläufe», welche auch als unabhängige Arbeiter strikt eingehalten wurden. Im Falle der Chamäleon-Humanoiden bestand eine Arbeitswoche aus 11 Tagen, von denen 3 arbeitsfrei sein mussten. Welche Tage genau wurde nie festgelegt... denn Chamäleons sind auch in diesem Bereich den entsprechenden Bedürfnissen sehr anpassungsfähig.

Von dem Meeresboden hatte er vorerst die Nase voll.

Denn drei Tage reichten einfach nicht aus, um sich von einem solchen Schock zu erholen und zusätzlich sämtliche Körperöffnungen von den Mitbringseln des Meeresgrunds zu befreien. Doch wohin Philipp auch ging, wurde ihm übel mitgespielt. Egal ob auf der Suche nach dem Namensursprung der neckischen Tschernobiliten*, die in den dunklen Nebengassen lebten, auf den Spuren der Anfängen humanoider Kommunikationsmittel an Höhlenwänden oder dem Streben nach Erholung in den Schweizer Alpen beim alljährlichen Kühe- und Kraftfahrzeugen-Schönheitswettbewerb…

Einmal wurde er von einem aus dem Fenster fliehenden Stripper beinahe niedergetrampelt, um ein Haar von einem wütenden, mit Honig übergossenen Bären gefressen oder er fiel plötzlich in ein Haifischbecken mit Laserkanonen.

Enttäuscht von den stetigen Anschlägen auf sein Leben und den negativen Auswirkungen, welche diese meist unabsichtlichen Mordversuche auf seine Forschungsergebnisse haben, gibt es für unseren, mittlerweile vom Leben gezeichneten Protagonisten nur eines. Und zwar sich mit etwas auseinanderzusetzen, was kein anderes lebendes Lebewesen je tun würde. Denn nur so kann er absolut sicher sein, dass er nicht noch einmal gestört wird.

Und was wäre für eine solche Expedition besser geeignet, als das, was ein jeder auf der Welt vor Augen hat, aber dennoch nur von jedem verehrt und keinesfalls untersucht wird?

So macht sich Philipp auf, um den Zweck und die Botschaft des Mausoleums der grossen Begründer zu erforschen.

---

* Gewitzte und verspielte Wesen, welche im Volksmund Schleimmutanten genannt werden, da ihr Körper zum grössten Teil aus einer grünlichen, schleimigen Substanz besteht. Die Tschernobiliten sind bekannt für ihr Versteckspiel mit allen anderen Lebewesen und für ihre Streiche, welche sie wann immer möglich spielen.

Nach einer viertägigen Suche nach einem Einstieg gelingt es ihm endlich, sich durch eine kleine Lücke im Turm zu zwängen. Und nun befindet sich das kleine nackte Geschöpf im Forscherhimmel. Vor ihm liegt nichts ausser absoluter Ruhe und einer schmalen Wendeltreppe, die sich kontinuierlich an die Wand des Turmes schmiegt. Sowohl gegen unten als auch gegen oben ist kein Ende in Sicht. Unter Philipps Füssen liegen in unregelmässigen Abständen angelegten Kammern Schätze und Schriften aus verschiedensten Epochen der Weltgeschichte. Doch dies reizt Philipp nur wenig. Denn eine Inschrift auf den Stufen besagt, dass sich die Antwort auf das Leben, das Universum und den Turm im obersten Stock befindet.

Stufe um Stufe steigt er die Treppe empor, um die Wahrheit und nur die Wahrheit zu erfahren.

Da ich jedoch viel zu unsportlich bin, kann ich Philipp nach kurzer Zeit nicht mehr folgen und kehre um. Seither wurde Philip nie mehr gesehen oder je etwas von ihm gehört.

EPISODE 4:
DER WALD, DER MICH LIEBTE

Regen fiel, unaufhörlich, ständig, immer und immer wieder. Tropfen tropften zu Boden, schwer und grau, in einem immerwährenden Rhythmus, einer düsteren Melodie, einer monotonen Kakophonie.

Es war also ein typischer grauer Tag im Herzen Neu Gross-Pangäas.

Robert Green trat unter dem schützenden Vordach seines in Anonymität versunkenen Wohnblocks hervor und zog seinen Kragen hoch, in der Hoffnung, dass diese Geste ihn vor der harschen Kälte des pangäischen Wetters schützte. Vor dem Regen versteckte er sich mürrisch unter einem schlichten, schwarzen Regenschirm.

Dicke Wassertropfen begrüssten ihn mit lautem Prasseln, mit melodiösen dumpfen Schlägen auf der dünnen Haut seines Regenschirmes.

Was für ein grauenhafter Tag!

Ein lustloses Brummen entwich Roberts Lippen, entfloh, getragen vom tanzenden Wind, in die weite Ferne, die weite Bedeutungslosigkeit.

Was für ein monotoner Tag. Was für eine leere Welt. Im Kopf des Menschen hatte sich eine allgemeine Apathie gegenüber seiner Situation breit gemacht. Dieser verdammte Regen, dieser verdammte Arbeitsweg. Notwendiges Übel. Wie essen. Wie schlafen. Wie atmen. Apathie, Apathie.

Ein weiteres Brummen entwich seiner Kehle.

Robert erreichte schliesslich die Überdachung der Zeppelin-Haltestelle und schüttelte die Nässe aus seinem Schirm. Eine

Gruppe von Eulen stand an der Station herum. Sie unterhielten sich leise, rauchten ihre Zigaretten, müde, abwesend, hungrig. Ein mürrisches Flughörnchen stand in der Ecke und blickte gestresst auf die Anzeige, wo die Abflugzeiten aufleuchteten und ein wirrer Chihuahua hechelte im Hintergrund, murmelte, stammelte und fragte nach Feuer, auf steter Suche nach Nikotin, nach Ruhe, nach Entspannung.

Der Zeppelin flog träge ein, wurde verankert und Robert bestieg das Verkehrsmittel schweigsam wie immer. Es war Zeit, endlich zur Arbeit zu gehen.

Das Hauptquartier des B.U.R.E.A.Us – kurz Bureau – war abseits aller touristischen Locations situiert. Zwar war der Standort alles andere als ein Geheimnis, jedoch war das unscheinbare Gebäude schwieriger zu finden, als man vermuten würde. Schuld daran waren die verwinkelten Gassen und Strassen, welche den alten Bau umgaben. Auch wenn die wissenschaftliche Abteilung des Bureaus – die Entwicklung – gerne anmerkt, dass es in Wahrheit an der fehlerhaften quantenmechanischen Beschaffenheit des Raum-Zeit-Kontinuums von Neu Gross-Pangäa lag. Ein Scherz, den sie gerne mit Räubergeschichten rund um die L.I.G.A, die Erzfeinde des Bureaus, illustrierten. Zum Beispiel dass der Primat höchstpersönlich, in einem gescheiterten Versuch, seine Gegner aus dem Weg zu räumen, einen Tachyonen-Beschleuniger gezündet haben soll. Oder dass der grosse Jäger Ahab unter grössten Anstrengungen versucht habe, an geheime Forschungsdaten der Entwicklung zu gelangen und dabei selbst vor dem Einsatz von noch unerforschten Dimensionsrissen nicht zurückgeschreckt sei. Andere Geschichten beinhalteten übergelaufene Bureau-Agenten, den verrückten L.I.G.A-Wissenschaftler Professor Doomsday oder den berüchtigten Auftragskiller Scorpio. Auch traditionellere Schurken wie Taurus McBull oder der wilde Berserker Mantikor wurden bereits zitiert, doch Robert hatte lange genug mit der Entwicklung zu tun gehabt, um ihren Geschichten keinen Glauben mehr zu schenken. Dazu kam der Umstand, dass er selbst für die meisten vereitelten Pläne der Bösewichte verantwortlich war.

Naja. Er und Falco. Falco Aquilla, sein ewiger Rivale.

Robert trat an die Tür des Gebäudes heran, zückte seine Schlüsselkarte und zog sie durch das Lesegerät.

«Einen Augenblick bitte, Ihre Identität wird überprüft.» Die Computer-Stimme meldete sich wie immer ohne Umschweife, pünktlich und exakt.

«Bestätige: Robert Green. Sie sind etwas spät.» Die Stimme schwieg kurz, um genügend Vorwurf in ihren Unterton zu sammeln und meinte dann abfällig: «Wie immer.»

Dann öffnete sich zischend die Sicherheitstür und gab ihm den Weg ins Innere des Bureaus frei.

«Morgen Green!», grüsste die Sekretärin, eine voluminös Marienkäfer-Dame, deren Namen Robert sich hartnäckig weigerte zu merken.*

«Morgen», murmelte er also und floh vor ihrem netten Lächeln und ihren lasziv schielenden Augen.

Wie üblich wurde Robert von abgestandener Luft, dem Gestank nach männlichem Schweiss jeder Art (Vogel, Katzen, Affen, was halt so da war) empfangen, alles eingepfercht in einer kleinen Halle voller veralteter Computer, voller Akten, voller Lärm. Stimmen klagten chaotisch durcheinander, Telefone klingelten panisch und emsige Finger, Klauen, Krallen, Scheren schlugen in die Tasten von abgenutzten Tastaturen.

«Green!», bellte eine harsche Stimme und Roberts Blick traf den seines Bosses.

Bellen war übrigens ein gut gewähltes Wort, denn Rusty O'Canine war nichts anderes als ein Hundeartiger der Unterrasse Dobermann. Eine mehr als imposante Erscheinung in schwarzem Anzug und einem Gesicht aus puren Kanten. Nur Kanten! Kanten geschmückt mit Strenge, Ernsthaftigkeit und dem Hang zu artgerechter Aggressivität. Begriffe wie weich oder nett waren für Rusty O'Canine Fremdworte.

Und Leute die Fremdwörter verwendeten, waren grundsätzlich böse.

Mit finsteren Mandelaugen blickte der Boss auf seinen Angestellten herab. «Green! In mein Büro!»

Robert nickte nur unbeteiligt und folgte dem Dobermann an seinen Arbeitsplatz.

Dieser setzte sich in einen dicken Ledersessel, nahm eine Akte hervor und studierte diese ernst. Bevor er die ersten Worte an seinen Angestellten richtete, nahm er sich eine gute Sekunde Zeit, diesem mit seinen pechschwarzen Augen einen herablassenden Blick zuzuwerfen. «Sie sind wieder einmal zu spät, Green», knurrte O'Canine mürrisch, blickte erneut auf und lehnte sich zurück.

Seltsam, dachte sich Robert, dass ihm O'Canine, mit dem er das gesamte emotionale Spektrum teilte (mürrisch, ernst, müde), doch so unsympathisch sein konnte.

«Was kann ich für Sie tun, Boss?»

Der Dobermann musterte ihn kühl. «Es geht um Ihren Partner», sagte er und schaute in die Akte, «Baum.»

Was hatte er jetzt wieder angestellt?

«Wir haben eine Rückmeldung einer alten Schimpansen-Dame aus der Nachbarschaft erhalten.»

Oh, was hatte er jetzt angestellt?

«Die Dame beklagt sich…»

WAS HATTE ER JETZT WIEDER ANGESTELLT?

«Dass ihr guter Freund Baum zu viel zu tun habe, weshalb er sich nicht zu ihrem wöchentlichen Krimi-Abend am Donnerstag mit ihr und ihren Freundinnen gesellen konnte. Ich zitiere: *Wer soll uns den jetzt die Essiggurken-Gläser öffnen?*»

O'Canine blickte erneut auf und Robert konnte nicht deuten, ob er da Geringschätzung oder Verzweiflung in dessen Blick lesen sollte.

Daher schwieg er und wartete auf eine Reaktion.

«Geben Sie dem Jungen Donnerstagabend frei!» In die Stimme des Hundeartigen hatte sich so etwas wie Vorwurf gemischt, was Robert ehrlich überraschte. «Wir brauchen unsere Agenten frisch und ausgeruht. Und dasselbe gilt für Sie!»

Robert nickte: «Natürlich Boss.»

«Ich will Sie morgen pünktlich und ausgeruht im Büro!»

«Natürlich Boss», sagte Robert, hatte es aber gleich wieder vergessen.

Rusty O'Canine legte die Akte beiseite, liess seine Tatze darauf verweilen und runzelte nachdenklich die Stirn. Fast wirkte es so, als wolle er noch mehr zur vorherigen Thematik sagen, doch da leuchteten seine Augen auf. «Wir haben ein Problem, Green. Ein Problem, mit dem ich Sie befassen möchte. Alleine. Ohne Partner.» Rusty zeigte eine für ihn untypische Reaktion: Er schmunzelte. «Ich denke, Sie sind heute Abend frei. Es ist ja Donnerstag.»

Seinen Partner sah Robert an jenem Tag nur kurz, nachdem er das Büro des Bosses verlassen hatte. Er ging durch die Kolonnen aus unter Aktenbergen ächzenden Schreibtischen, als er die hohe, kindliche, ja leicht nervtötende Stimme seines Partners vernahm. «Robert!»

«Was ist los, Baum?»

Trotz des gereizten Tonfalls, welchen Baum gekonnt zu ignorieren wusste, hatte der hartherzige Mensch das Grüngewächs recht gerne um sich herum. Es mochte zwar dem jungen Agenten nicht aufgefallen sein, doch verband die beiden etwas, was sie mit niemand anderem teilen konnten: Beide waren sie Aussenseiter, respektierte, doch gemiedene Mitglieder der Gesellschaft. Baum, ein experimenteller Soldat aus der Entwicklung ohne Vergangenheit oder Herkunft und Robert, Einer der Letzten seiner Art.

Robert sah in Baum zwar keinen gleichgesinnten Freund, aber einen leichtsinnigen kleinen Bruder voller Naivität und dummen Ideen. Zwar musste man sich ständig Sorgen um ihn machen und er brachte sich ständig in gefährliche Situationen, doch wenn es darauf ankam, konnte man sich auf ihn verlassen. Da war etwas, was die beiden verband. Auch wenn Robert seinen jüngeren Partner manchmal nicht wirklich verstand.

«Wohin kommen diese Reports?»

«Wie ziemlich alles, was mit Akten und Berichten zu tun hat, kommen sie ins Archiv», kommentierte Robert und ein Funken Verständnis flammte in Baums Augen auf.

Baum wollte gerade gehen, als ihm nochmals etwas einfiel: «Äh, Robert?»

«Was noch, Baum?»

«Wo ist das Archiv?»

Der alteingesessene Agent seufzte schwer und wies ihm den Weg. Sein Partner verschwand zwischen geschäftigen Arbeitern und Robert fragte sich, ob er dem Jungspund noch hätte mitteilen sollen, dass er heute Abend frei hatte.

Naja, er würde es schon selber merken…

FORTSETZUNG FOLGT!

EPISODE 5:
EMISSION IMPOSSIBLE

In den Annalen des Bureaus gibt es unzählige Helden und Heldinnen jeglicher Rasse und jeglichen Alters. Zum Beispiel Kato der Erste, die grosse Legende, der als zweiter Agent des Bureaus Bekanntheit erlangt hatte (man weiss zwar, dass es vor Kato noch jemanden gegeben hatte, doch irgendwie hatte es wohl jemand verschwitzt, dessen Existenz in irgendeiner anderen Form als Gerüchten zu dokumentieren, was Kato posthum seinen Spitznamen verlieh).

Oder Meister Tortuga, der sagenumwobene Einzelkämpfer aus der Familie der Schildkröten-Männer. Dann war da noch Kant Sy My, berüchtigter Spion und Undercover-Agent der Chamäleon-Rasse (Kant Sy My ist ein Wortspiel, welches in dieser deutschsprachigen Übersetzung leider komplett verloren geht) oder der vielseits verehrte Krieger Selukreh der Ameisenstämmigen, unbesiegt bis zum Tod, verehrt noch heute. Dann wiederum die flinke Katze, Meisterin der Verkleidung, eine Meisterdiebin ohnegleichen.

Robert hatte gar die grossen Grössen der letzten Generation noch gekannt. Monstro, der gigantische Blauwal zum Beispiel, war vielen Rekruten nur als Kavallerie bekannt gewesen. Er selbst war Monstro nur bei zwei Ausseneinsätzen begegnet, bei denen sie gemeinsam an vorderster Front gekämpft hatten. Ein paar Monate später bezahlte Monstro schliesslich mit seinem Leben, als er sich einer Horde faschistischer Piranhas stellte, um es einem Stosstrupp des Bureaus zu ermöglichen, die Superwaffe des grausamen Regimes zu zerstören und somit Ost-Pangäa vor einer Katastrophe biblischen Ausmasses zu retten.

Und dann war da noch sein Mentor gewesen. Der Albino-Ziegenbock war ein alles andere als konventioneller Agent gewesen und sein befremdlicher, skurriler Kleidungsstil und sein altehrwürdiges Erscheinungsbild hatten nicht gerade einen anderen Eindruck unterstützt. Trotz allem aber war und blieb er eine respektierte Figur innerhalb der Umwelt-Behörde. Respektiert für seine Weisheit, seine Führungsqualitäten und seinen Mut, gegen die Obrigkeit vorzugehen. Und trotzdem. Trotz all dieser Qualitäten hatte Meister Taog nur einen Lehrling ausgebildet: Robert Green, eine der aktuellen Legenden.

Robert Green und Falco Aquilla. Legenden und Rivalen.

Es war kaum eine Viertelstunde vergangen, als Robert seinen jungen Partner in die Untiefen des Archivs geschickt hatte, als Aquilla an seinen Schreibtisch herantrat. «Green, du dreckiger Primat!»

Der alte Agent blickte kurz von seiner Akte auf und nickte. «Aquilla! Ich sehe, du hast nichts von deinem Charme verloren!» Falco Aquilla war eine stets strenge Erscheinung. Seinen muskulösen Körper hatte der Weisskopf-Adler in einen schnittigen schwarzen Anzug mit rot-schwarz gestreifter Krawatte gezwängt, sein Gang war aufrecht und stolz, seine Augen gelb und stechend.

Aquilla war selbst nie in den Genuss eines Meisters wie Taog gekommen, sondern hatte sich seine jetzige Position mit Instinkt und ausserordentlichen Taten verdient, etwas, was mit unzulänglicher Ausbildung als absolut unmöglich erachtet worden war. Agenten ohne Partner starben im Normalfall innerhalb weniger Wochen oder brachen ohne Vorwarnung zusammen. Falco jedoch war ein Kämpfer und hatte sich nie von irgendwas unterkriegen lassen, eine Eigenschaft, die Robert von ganzem Herzen respektierte. Leider war der Held auch ein notorischer Angeber, eine Eigenschaft, die der Mensch als alles andere als angemessen erachtete.

Das Verhältnis der beiden lässt sich wohl am besten als gesunde Rivalität bezeichnen. Zwar würden die beiden unter keinen Umständen irgendeine freie Minute miteinander verbringen, jedoch trafen sie ziemlich gerne aufeinander, fochten verbale Duelle aus und erzählten, was es in der Welt der Umwelt-Bedrohungen gerade Neues gab.

In beleidigungsreichen Auseinandersetzungen wurden so Informationen, Gerüchte und Hinweise ausgetauscht, beide blockiert von ihrem eigenen Ego, um die Hilfe des anderen in irgendeiner Form anzunehmen.

«O'Canine hat was von einem Sondereinsatz erwähnt, du Sohn einer Kanalschlange!», warf ihm Falco an den Kopf. «Ohne Partner. Meinste, dass du dazu in der Lage bist, Greenie-Boy? Du allein gegen ein paar hirnverbrannte Flüchtlinge?»

Das waren keine neuen Informationen, doch Robert hörte aufmerksam zu, die nächsten Ketten neuer Vorwürfe und Fluchwörter bereits auf der Zunge.

«Alleine gegen was? Zwei, drei ehemalige Agenten? Ich habe O'Canine immer gesagt, dass ein Schwächling wie du dazu nicht geeignet ist! Aber hört man mal auf mich? Nope! Es heisst immer nur Green hier, Green da.»

Ehemalige Agenten? Zwei oder drei? «Ich werde wohl noch mit ein paar Deserteuren fertig, du Aasfresser.»

«Wirst du aber auch mit ein paar Verrückten aus der Entwicklung fertig, alter Sack?»

«Entwicklung?» Das war neu. Das war unangenehm.

Robert fühlte, wie seine Motivation langsam sank. Nicht, dass sie je irgendwie eine gewisse Höhe gehabt hätte.

«Tja, das kommt davon, wenn man kein richtiges Informationsnetzwerk hat! Wahrscheinlich weisst du nicht einmal, dass deine Ziele das letzte Mal in der Nähe der alten Brennanlagen gesehen wurden», meinte Falco giftig und winkte unauffällig zum Abschied, als er seinen Rivalen mit den neuen Infos alleine liess.

«Unangenehmer Zeitgenosse», meinte Doug, ein alter, faltiger Rüde vom Schreibtisch nebenan.

Robert nickte stumm, doch verlor sich sogleich in seinen Gedanken.

Normale Doppelagenten waren nie wirklich ein Problem. Der durchschnittliche Bureau-Agent verstand nur im Gröbsten, mit was er es zu tun hatte, noch konnte und wollte er sich wichtige Informationen merken, die für die Liga in irgendeiner Weise von Bedeutung waren.

Leute von der Entwicklung hingegen kannten sich mit jeglichen Umweltproblematiken aus, hatten sich mit den meisten Bedrohungen der letzten Dekaden auseinandergesetzt und waren das Rückgrat der Organisation.

Es waren die Genies, Techniker und Ingenieure, ohne die Leute wie Robert wie schlecht organisierte Polizisten da standen.

An jeder Lösung, jedem Plan, an jeder Erfindung und Gegenmassnahme war die Entwicklung beteiligt.

Ein Entwickler auf Abwegen war wie ein wandelnder atomarer

Sprengkopf. Ein Tresor mit Sprengsatz: Für den einen ein Jackpot, für den anderen eine tickende Zeitbombe.

Robert verliess das Bureau spät.
Er wurde von eisigem Regen empfangen wie ein nasser Hund, den man den ganzen Tag in der Kälte hatte warten lassen. Robert reagierte auf die einzig richtige Art und Weise: Er brummte grimmig.
Kurz noch fragte er sich, ob er nach seinem jungen Partner sehen sollte, entschied sich aber dagegen. Wahrscheinlich war er längst an seinem Krimi-Abend und genoss seine wohlverdiente Ruhe.
Die alten Verbrennungsanlagen also.
Man hatte sie nach den grossen Umweltkriegen stillgelegt und seither hatten sie verlassen dagestanden, als stummes Mahnmal gegen die verheerenden Folgen der Umweltzerstörung. Robert selbst hatte damals seinen ersten Einsatz gegen die Liga in den alten Verbrennungsanlagen geleitet. Ein kleines Scharmützel fernab der Front, welches sich im Handumdrehen in eine allumfassende Schlacht entwickelt hatte.
Dort hatte er seinen ersten Partner, ein Wiesel namens Tony, zu Grabe getragen, kurz nachdem er schon seinen Meister an die finsteren Machenschaften der Liga verloren hatte.
Schmerzhafte Erinnerungen.
Ganz in Gedanken versunken war der Mensch an der Zeppelin-Haltestelle angekommen. Er schüttelte den Schirm aus und bemerkte die grossen Augen eines Tauben-Jungen, der gerade zum ersten Mal in seinem Leben einen echten, kurz vor dem Aussterben stehenden Menschen sah. Robert tat das, was einem schwachen Lächeln am nächsten kam: Er machte auf dem Absatz kehrt und betrat schweigsam den Zeppelin.

Die alten Verbrennungsanlagen erwarteten ihn so, wie er sie vor Jahren zurückgelassen hatte. Wo früher Backstein auf Backstein gestanden hatten, thronten nun verlassene Ruinen, vom Russ geschwärzt und in einen dichten Schleier aus schwarzem Rauch gehüllt.

Selbst nach einem Jahrzehnt waren die Öfen noch nicht vollends erloschen.

Wie lange war er schon nicht mehr hier gewesen? Hatte er Tony je seinen Respekt gezollt? Robert versuchte sich die Antworten auf diese Fragen ins Gedächtnis zu rufen, doch merkte er schnell, dass dies unmöglich war. Er hatte in den letzten zehn Jahren nicht einmal einen Fuss in die Nähe gesetzt.

Jetzt war er zurückgekehrt.

Weil man es ihm befohlen hatte.

Weil es Arbeit zu erledigen gab.

Also betrat er dieses Grab der Erinnerungen.

Er betrat Gänge, in denen noch die Feuergefechte des Krieges nachhallten, schlich um verwinkelte Ecken, an denen er Kameraden und gute Männer verloren hatte. Rost klebte wie frisches Blut an den schweren Wänden. Feuchtigkeit gesellte sich zu drückender Hitze und verwandelte sich in zischende Laute und dicken Dampf. Die Sicht war alles andere als optimal, es roch nach Moder, nach Schimmel und verbranntem Metall.

Die alten Verbrennungsanlagen umfassten ein gewaltiges Gebiet, was die Suche nicht gerade vereinfachen würde. Robert stellte sich auf eine lange Nacht ein und verfluchte innerlich O'Canine, der von ihm gar verlangt hatte, morgen pünktlich UND ausgeruht zur Arbeit zu erscheinen!

Er machte es zwar nicht gern, aber er würde wohl morgen blau machen.

Wegen Stress. Oder Übelkeit. Und ja, das moralische Konzept des Bureaus ist mit dem Roberts nicht zu vereinen. Er brauchte Zeit, um sich über alles Gedanken zu machen.

Ja, das klang anständig. Immer den anderen einen Teil der Schuld geben, darin lag das Geheimnis. Ein schlechtes Gewissen hielt die dummen Fragen fern.

Der Agent betrat einen abgelegenen Teil der Industrie-Anlage, wo Mutter Natur gegen die Hitze der Flammen bestand hielt, dort wo Moos wuchs, wo früher Metall gerostet hatte. Das Feuer der Zerstörung hatte diesen verwinkelten Ecken nicht gefunden, dafür jedoch die Wurzeln und Sprossen verschiedenster Pflanzen. Hier züngelten aus den mächtigen Verbrennungsöfen keine Flammen, sondern gesunde, grüne Äste. Statt Schwaden aus Rauch und Wasserdampf wehte hier ein frischer Wind. Statt Zerfall geschah hier Wiederaufbau.

Dicke Wurzeln waren hier aus dem Boden gebrochen und begruben die eisernen Öfen erbarmungslos unter sich.

Ganze zwei Stunden war Robert schon durch dieses Labyrinth geirrt, jedoch hatte er weder jemanden gesehen, noch etwas Verdächtiges gehört oder auch nur gerochen.

Langsam zweifelte er an der Existenz von Deserteuren. Oder zumindest an der Verlässlichkeit von Aquillas Informanten. Wäre ja nicht das erste Mal, dass er auf einer falschen Spur wäre. Oder dass ihn jemand auf eine falsche Spur gelockt hätte. ODER dass er gar keine Spur verfolgt hatte.

Robert seufzte schwer.

Eine junge Wespendame im typischen weissen Kittel der Entwicklung betrat den in lebendiges Grün gekleideten Raum und nickte dem alternden Agenten freundlich zu. «Abend.»

«Abend», erwiderte er gelassen und beobachtete sein Gegenüber interessiert.

«Aquilla hat mich über Ihr Kommen informiert», erklärte die Fremde wie aus dem Nichts und zündete sich eine Zigarette an.

«Du bist der Informant?»

«Die Informantin, bitte.»

Robert nickte stumm.

«Und», begann sie, «ich bin eher undercover. Ich verstehe nur die Hälfte von dem, was diese Nerds die ganze Zeit reden.»

«Lass dich davon nicht unterkriegen. Die meisten grossen Agenten waren dumm wie Brot. Aber wenn du zu Aquillas Leuten gehörst», brummte Robert mürrisch, «wie kommt es, dass mir dieser Job zugeteilt wurde?»

Die Wespen-Lady zog lange und nachdenklich an ihrer Zigarette, liess den Rauch langsam durch ihre Mandibeln qualmen.

«Ehrlich gesagt bin ich mir nicht hundert prozentig sicher. Wahrscheinlich ist uns der Gegner bereits auf der Schliche oder Falco Aquila ist bereits im Visier. Vielleicht liegt es aber auch daran, dass Sie sich wohl am besten in den alten Verbrennungsanlagen auskennen. Was es auch ist, was sich der Direktor dabei gedacht hat, Sie sind hier, nicht Falco.»

«Der Gegner? Die Liga?»

Die Agentin schüttelte den Kopf. «Nein. Nicht die Liga. Zumindest nicht direkt. Die Anlage dient als Operationszentrale für den Lieferanten.»

Robert hob fragend die Braue und die Wespe zuckte unwissend mit ihren Fühlern. «Jemand in Aquillas Netzwerk hat die Theorie formuliert, dass die Liga von externer Stelle mit Waffen, Plänen und Infos beliefert wird, was den rapiden Anstieg der Übergriffe in den letzten Jahren erklären würde. Wir vermuten gar, dass circa fünfzig Prozent aller Doppelagenten und Deserteure nicht aus freiem Willen heraus gehandelt haben, sondern dass sie systematisch engagiert, erpresst und entführt wurden.»

Der Mensch nickte nachdenklich. Ein Sponsor also.

Langsam aber wirklich verstand Robert die Rolle, die ihm Direktor O'Canine in dieser Mission hatte zukommen lassen: Es ging nicht darum, irgendwelche Deserteure ausfindig zu machen, es ging nicht darum, grosses Übel abzuwenden. Es ging um Informationen. Informationen rund um den Lieferanten. Den Sponsor. Da Falco Aquillas Identität bereits in Gefahr war, hatte man ihn durch den nächstbesten Agenten ersetzt, bei dem es sich natürlich um Robert handelte. Was auch die Abwesenheit seines Partners erklärte: Baum war unnütz, laut und tollpatschig, hatte wenig Glück und noch weniger Erfahrung, was ihn total unbrauchbar für diese Art von Mission machte.

Green seufzte schwer und holte seine Pistole aus dem Mantel und zielte auf die Undercover-Agentin: «Du weisst, was jetzt kommt, hoffe ich.»

Das Lager des Lieferanten befand sich tief im Herzen der alten Verbrennungsanlagen, in den feucht warmen Katakomben, wo Kälte und Hitze wie zwei streitsüchtige Despoten das Klima beherrschten.

Das Versteck begann mit ein paar unauffälligen Kisten, welche sich mehrten und mehrten, bis sie sich an den Wänden stapelten, säuberlich geordnet und durchnummeriert, wie Robert feststellte. Auf die ersten Wachen trafen sie kurz nach den ersten Kisten. Ein argwöhnischer Wolfling mit ausgeprägtem Melanismus und ein alter, grauer Tiger mit müden Augen sahen unverhohlen auf und legten ihre Pranken warnend auf die Holster.

Es war eine Weile her, als Green das letzte Mal Söldner gesehen hatte, so desinteressierte noch dazu. Wahrlich, zur Liga gehörte der Sponsor nicht direkt.

«Ganz ruhig», summte die Wespen-Dame melodisch. «Ich bin's.» Mit diesen Worten drückte sie die Pistole tiefer in Roberts Rücken, welcher seine Hände noch etwas höher in die Luft streckte. Der alte Tiger nickte mürrisch auf die Geisel namens Robert (eine Geste, welche dieser ziemlich sympathisch fand), was die Undercover-Agentin mit Folgendem quittierte: «Hab ihn draussen beim Rumschnüffeln erwischt. Dachte, den Boss interessiert es. Sieht mir sehr nach Bureau-Abschaum aus.»

Der Feline nickte wortlos und winkte sie vorbei, doch da trat der Wolfling zwischen Robert und den leeren Gang. Er musterte die beiden eindringlich und lächelte verschlagen. «Seit wann haben Leute aus der Entwicklung Pistolen dabei?»

«Seit», seufzte Robert theatralisch, nahm der Agentin ruhig die Waffe ab und schoss die beiden ruckzuck nieder, «jetzt.»

Die Wespe blickte schockiert in sein Gesicht und der alte Agent hob abwehrend die Hände. «Keine Angst, sie sind nur betäubt.»

Die nächsten Checkpoints passierten sie ohne Probleme, stets mit der Lüge auf den Lippen (Zangen?) der Wespe, dass sie die Pistole vom äussersten Wachposten habe und dass man sie geschickt habe, damit die beiden Söldner nach weiterem Eindringlingen suchen konnten.

Die Lüge wurde allgemein akzeptiert, auch wenn nur mit Argwohn und Missgunst, doch sie wurde akzeptiert.

Maya – so hiess die Informantin – führte Green für geraume Zeit durch verwinkelte Korridore, die Robert aus einer entfernten Vergangenheit zu kennen schien, doch ganz sicher war er sich dabei nicht.

War das da der Gang, in dem sie von Liga-Schergen überrascht worden waren? Hatte sich nicht dort einer seiner ehemaligen Partner mit dem gefährlichen McBull duelliert? Und dort hatte er doch einst eine Bombe entschärft, da eine montiert (die dann wiederum vom Gegner entschärft wurde) und da, an dieser bestimmten Ecke war genau rein gar nichts passiert.

Der Schwall der Nostalgie überkam den alternden Homo Sapiens nur kurz, denn ehe er sich in diesem Gefühl auch nur verlieren konnte, führte ihn Maya in eine Halle von gewaltigem Ausmass.

Brachiale Stahlträger stützten eine Decke, welche sich im Dunkel der Perspektive verlor, brüchiger Beton rieselte von der Decke und tiefe Spalten und Risse zogen sich durch den Boden wie die Wunden der Zeit. Und inmitten dieser von Zerfall heimgesuchten Kulisse hatte man Labore, Fliessbänder und Fertigungsanlagen aller Art errichtet. Wo keine Kisten standen, standen Phiolen und Ampullen jeglicher Form. Wo keine Zylinder kochten und Bunsenbrenner brannten, standen Fässer und Flaschen. Wo keine Förderbänder rollten, lagen Rohstoffe und Einzelteile herum. Wo nicht an Maschinen und Waffen gebaut, gebastelt, geschraubt wurde, wurde diskutiert, gestritten, wurde man von Söldnern grob zurechtgewiesen.

«80 Prozent der vermeintlichen Deserteure sind nicht aus freien Gründen hier.» Es war die Wespe, die sich zu Wort meldete, den Lauf der Pistole noch immer gegen Roberts Rücken gepresst.

Dessen Blick schweifte in die geschäftige Menge von Entwicklern, Erfindern, Wissenschaftler und Laboranten, alle emsig in ihre Arbeit vertieft, doch die furchterfüllten Seitenblicke entgingen dem alternden Agenten nicht. Seitenblicke zu ihren ernsten und grimmigen Bewachern, allesamt gut bezahlte Söldner verschiedenster Rassen und Geschlechter.

Einer eben jener löste sich aus seiner Gruppe und kam auf das ungleiche Paar zu. «Ist das der Schnüffler, von dem überall die Rede ist?» Der Söldner-Kommandant entpuppte sich als untersetzter, schmaler Rotfuchs mit ergrauendem Pelz in voller Schutzausrüstung. Doch trotz der schmalen Statur erkannte Robert einen zähen Veteranen, wenn er ihn vor sich hatte.

Vor allem weil er den besagten untersetzten Veteranen kannte.

Vor allem weil es sich bei dem Kommandanten vor ihm um einen alten Kriegskameraden handelte.

«Donnerwetter!», brach es aus dem Fuchs heraus und Erkenntnis flackerte in seinen Augen auf. «Robert? Robert Green?»

Maya zuckte überrascht zusammen und warf ihrer Geisel einen schockierten Blick zu.

Dieser versuchte seinen Kopf wegzudrehen, doch der käufliche Soldat blieb hartnäckig: «Ich glaub, mich holt der Storch! Robert! Alter Knabe! Warum hält man dich als Geisel?»

«Äh ja. Lange nicht gesehen, Renard.»

«Ihr kennt euch?»

Robert konnte die Unsicherheit in der Stimme der Informantin nur allzu gut verstehen: Es gab nur wenige Gründe, weshalb ein befreundeter Söldner einen mit

Höflichkeit und Respekt und Kameradschaft empfing:

1. Der Empfangene verfügte über gewaltige finanzielle Mittel*

oder

2. In jedem Fall Punkt 1.

«Was willst du, Green?»

«Dass du und deine Kollegen das Weite sucht! Und dass ihr die entführten Forscher der Entwicklung frei lässt.»

«Entführte Forscher?» Renards Augen blitzten wutentbrannt auf. «Was redest du da für einen Schwachsinn? Wir sind eine offizielle Sektion des Bureaus!»

«Was?» Robert wandte sich hilfesuchend zu Maya, doch diese schüttelte nur ratlos den Kopf.

«Und wieso», setzte er mit einem kritischen Unterton zur Frage an, «wurden wir vom Bureau damit beauftragt, euch auszuspionieren?»

Der Söldner-Kommandant runzelte verwirrt die Stirn. «Wurdet ihr?» Und: «Ihr?»

Der Agent winkte in Richtung der Wespe: «Undercover.»

«War eigentlich klar», murmelte der Fuchs abwesend, «Doch wir dachten, dass nur die Liga so einen läppischen Versuch unternehmen würde.»

«Moment! Ihr habt gewusst, dass ich eine Spionin bin und habt nichts gemacht?» Mayas Stimme bebte aufgebracht.

«Tut mir Leid, dass ich das jetzt so sage, aber für jemanden aus der Entwicklung bist du viel zu untalentiert!»

---

* Was in Robert Greens Falle gar zutraf. Nach dem mysteriösen Massenverschwinden der Menschen sahen sich immer mehr Banken mit besitzerlosen Konten konfrontiert und da der durchschnittliche moderne Banker eben kein korrupter Mensch mehr war, wurden den letzten Angehörigen einer aussterbenden Rassen die Reichtümer ihrer Artgenossen vermacht. Diese Praxis hat sich über die letzten Dekaden hingezogen, was dazu führte, dass Robert mit Abstand zu den reichsten Wesen Neu Gross-Pangäas gehörte. OHNE ÜBERHAUPT ETWAS GETAN ZU HABEN! Er nutzte das Geld kaum und lebte von den Zinsen, finanzierte öffentliche, kulturelle Veranstaltungen oder waghalsige Experimente der Entwicklung, während er in einer Bruchbude des Armenviertels wohnte. Ab und an musste er sich Kleingeld von seinen Partnern leihen oder auf Spesen des Bureaus bestehen. Eben das, was reiche Leute so tun.

«Woher willst du das wissen?»

«Renard hat vor den Kriegen zur Entwicklung gehört.»

«Oh.»

«Auch wenn er selber nicht der Talentierteste gewesen ist.»

«Ah ja!»

«Hey!», maulte der alte Fuchs launisch, konnte sich jedoch ein Lächeln nicht verkneifen. Seine Miene wurde plötzlich ernst. «Du sagst, das Bureau schickt dich, ich sage wir gehören zum Bureau. Was stimmt nun also?»

«Nun», brummte Robert, «ich bin mir ziemlich sicher, für wen ich arbeite. Und O'Canine mag wohl ein Idiot sein, doch keinesfalls ist er so dumm.»

Der Söldner nickte langsam und blickte sich um. Das ausgedehnte Gespräch begann langsam die Aufmerksamkeit der Leute um sie herum – vor allem die der Söldner – zu erwecken, ein suboptimaler Umstand.

«Ich frage mich auch, wie es dir nicht auffallen konnte, dass ein grosser Teil der Belegschaft nicht freiwillig hier ist.»

Renard hob abwertend die Pfoten. «Uns ist Kommunikation untersagt. Deshalb wurden wir angeheuert: Wir machen den Job und stellen keine Fragen.» Renard blickte misstrauisch um sich. «Ich kenne die Arbeit der Entwicklung nur aus Kriegszeiten. Und damals hat alles ähnlich ausgesehen.» Er wies auf die Waffen, die chemischen Substanzen, die Bomben.

Das Argument war zwar einleuchtend, jedoch fragte sich Robert, ob er dem ehemaligen Kollegen höflich mitteilen sollte, dass er ein riesiger Vollidiot war. Jedem Blinden wären die grauenhaften Arbeitsverhältnisse aufgefallen. Und Robert war auf dem Gebiet des sozialen Umgangs alles andere als eine brauchbare Referenz.

«Der Mittelsmann sprach von einem bevorstehenden Krieg, weshalb wir die Kriegsmaschinen nie hinterfragt haben.»

«Mittelsmann?» Robert zeigte einen Funken Interesse. Er blickte seinen alten Kriegskameraden beschwörend an. «Wie heisst er, dieser Mittelsmann?»

Der Mittelsmann entpuppte sich als ein weiterer ehemaliger Schützling Roberts: Ein Schlangenwächsling der Serpentinen-Männer mit dem Namen Zzz*, damals noch ein junger, vielversprechender Diplomat zwischen den Fronten. Green und sein damaliger Partner Tony hatten ihn während mehreren Missionen begleitet und beschützt.

Wieder ein verlorenes Fadenende, welches der alternde Agent in sein Netz vergessener Intrigen spinnen konnte.

Zzz hob abwehrend die Hände, als ihm Robert die Pistole unter die Nase rieb. «Ich kenne den Auftraggeber nicht. Nur den Zwischenhändler!»

Der Zwischenhändler entpuppte sich als niemand Geringeres als Hermes McManus, ein Nilpferd-Senator, welcher mit den anderen eine gemeinsame Vergangenheit mit Robert sowie eine bestimmte Ahnungslosigkeit betreffend seines Auftraggebers teilte. Dann folgte ein Sekretär, eine ganze Anwaltskanzlei, ein Richter, eine gemeinnützige Organisation und ach, es war doch schon morgens um vier und Robert wollte (musste!) doch eigentlich schlafen!

---

* Die Tradition der Serpentinen-Männer geht auf eine lange Reihe evolutionärer Zufälle zurück, bei der sich seltsamerweise die Sprachfähigkeit der Schlangen beinahe nicht entwickelt hatte. Innerhalb der Schlangen-Stämme werden daher verschiedene Dialekte von Serpetin gesprochen, eine Lautsprache, welche sich typischerweise aus den Lauten Z, S, SCH, SH, CH, C und H zusammensetzt. Aus diesen verschiedenen Dialekten hat sich eine eigenständige Mathematik und Physik-Lehre entwickelt, auf deren Grundlage sich das traditionelle Namen-System der Serpentinen-Männer beruft: Alle Schlangenwächslinge werden nach dem Rang und der Kaste innerhalb des Stammes benannt. Während jeder Kaste ein bestimmter serpentiner Laut zugeordnet ist, wird durch das Alter die Häufigkeit des Lautes definiert. Zzz ist das drittälteste Mitglied der Politiker-Kaste, die unbeliebteste und nutzloseste Klasse innerhalb der verschiedenen Stämme.

DEUS EX MACHINA! Plötzlich stellte sich heraus, dass es sich bei dem geheimnisvollen Sponsoren eigentlich um die Autoren höchstpersönlich handelte, welche die Liga finanzierten, um den Lesern spannenden Lesestoff zu bieten. Und um unsere Helden zu beschäftigen. So endet dieses Abenteuer von Robert an diesem Punkt. Genau hier. Fertig. Basta. Genug geschrieben!*

Was ist eigentlich mit Baum los? Nun, währenddessen sass in der Dunkelheit des Bureaus, irgendwo in einer dunklen Ecke des Archivs, einsam und verlassen Baum und fragte sich, wann er wohl nach Hause gehen durfte.

Hierzu ein Gedicht:

WIE SPÄT IN DER NACHT? 8!

FORTSETZUNG FOLGT!

---

* P: Was fällt dir ein, einfach in meine Geschichte reinzuplatzen?»
F: Was fällt dir ein, einfach 15 DIN A5-Seiten zu schreiben, du Penner. Denk doch an die verdammten Produktionskosten!
P: Was? Nein!
F: Doch, leugne es nicht, ich schwörs dir!
Geräusche einer Schlägerei.
P: Aber ich hatte da diesen extrem ausgeklügelten Schluss!
F: Ach?
P: … Na ja, ich arbeite noch dran.
F: DEUS EX MACHINA, BITCH!
P: Okay, okay…

EPISODE 6:
NORBERT & SCHAUM

von Sarah Lippuner

In einer Zeit, in der Umweltverschmutzung unser grösstes Problem wird, wird ein Junge geboren, weit über den Dächern von Pangäa, in einem Hochhaus, welches gänzlich aus Baumwolle und Klettverschlüssen besteht*.

Das Neugeborene mit den stahlblauen Augen erblickt das Licht der Welt** aus dem hundertelften Stock. Und ja - mit UUH-HUs-Superklettverschlüssen lässt sich selbst mit Baumwolle so hoch bauen. Dass der unschuldige Junge, wie es der Zufall will, am pangäischen Al Gore-Gedenktag seinen ersten Atemzug vernimmt, interessiert ihn nicht im Geringsten. Die stahlblauen Augen blicken durch die Zellophan-Scheibe und sehen nur Eins:

Eine Zeit, in der Umweltverschmutzung ein grosses Problem ist. Aber noch nicht gross genug.

Das Labor ist wie immer düster und stickig. Die Abgase von der Strasse dringen durch elf Röhren direkt ins Schlafzimmer, Esszimmer und in seinen Lieblingsraum, das K.L.O.***. Norbert sitzt an seinem Labortisch und beobachtet, wie sich das Stück Eichenholz vor ihm ganz langsam, Zentimeter um Zentimeter, auflöst, in sich selbst, ganz von alleine. Es ist vollbracht. Fast zwölf Jahre hat es gedauert.

Die stahlblauen Augen glitzern vor Erregung. «Endlich hab ich es geschafft. Jetzt steht mir nichts mehr im Wege. Ich bestimme über das Schicksal der Welt.»

---

* Baumwolle und Klettverschlüsse sind seit Jahrzehnten das Ergebnis von natürlicher und umweltfreundlicher Baukunst, jeweils von WWF und FWWF (FuckWWF – die Gegenorganisation, die auf Tiere scheisst, sich dafür um Pflanzen kümmert)
** a.k.a. eine sechzig Zentimeter lange LED-Röhre
*** Kleines, Lichtgedämpftes Ostzimmer

Da erhebt sich eine zischende Stimme vom Reagenzglas neben ihm:

«Nein Norbert. Wir bestimmen über das Schicksal der Welt.»

Norbert lässt vor Schreck das Reagenzglas fallen: «Wer hat das gesagt?!»

Wieder zischt es ganz in der Nähe: «Das war ich. Schaum, den du erschaffen hast.»

Norbert linst mit skeptischem Blick zum Reagenzglas rüber. Eine gelb-grüne, krankhaft aussehende Flüssigkeit schäumt beinahe über den Glasrand. Norbert kommt sich lächerlich dabei vor, zu einem Glas zu sprechen, trotzdem tut er es: «Schaum, du kannst sprechen?» - «Natürlich kann ich sprechen, du Dummkopf!» Norbert blickt verdutzt auf das Glas. *Ich hab eine Flüssigkeit erschaffen, die nicht nur alles Grüne zerstören, sondern auch fluchen kann.*

Just zur gleichen Zeit, nur Kilometer weit weg sitzen unsere beiden Helden Robert und Baum, Ritter im Kampf gegen die Umweltverschmutzung, Helden der Hippies und Retter der Biotope – an ihren Schreibtischen im BUREAU und ... !!

Langweilen sich.

Robert kratzt kleine Männchen in die Oberfläche seines Schreibtisches aus Eichenholz, aber sorgfältig leise und hinter dem Computer versteckt, damit sein Partner Baum es nicht bemerkt. Baums Schreibtisch ist aus Metall. Schon lange versucht er Robert zu überreden, er solle den Eichenholztisch endlich loswerden. Er findet es pervers, wie er ihn benutzt. Schliesslich sitzt Baum auch nicht an einem Tisch aus Menschenleder.

Gerade als Baum seinen Partner Robert erneut darauf hinweisen will, lässt der Knall einer Explosion die beiden von ihren Sesseln springen. BUMM!*

«Robert, was war das?»

«Ich weiss es nicht. Hörte sich an wie eine Explosion»

«Da müssen wir hin Robert!»

«Du hast Recht, Baum»

«Natürlich hab ich Recht! Ich bin ja auch 244 Jahre älter als du!»

«Jetzt prahl nicht wieder mit deinen Ringen rum Baum! Wir müssen die Umwelt retten! Wo es eine Explosion gibt, gibt's auch Feuer! Schnell in unser Baummobil!»**

Mit zweifacher Solargeschwindigkeit*** sind Robert und Baum in Sekundenschnelle an den Ort der Explosion gerast. Vor ihren Augen zeigt sich der Blick des Grauens. Ein Krater. Schwarz, verkohlt. Da, wo seit Jahren der wunderschön grüne, spriessende, photosynthesische Haupterzeuger der ganzen Stadt, Luftblase der Metropole, der grosse Stadtpark stand – ist jetzt alles grau, in Asche, zerstört, tot.

Baum fällt aus allen Ästen und knickt zu Boden: «Viele dieser Bäume waren meine Freunde!!» Robert fasst Baum bei den Wurzeln: «Jetzt ist nicht der richtige Zeitpunkt, Herr der Ringe**** zu zitieren, Baum! Wir müssen handeln! Bevor dieser Widersacher noch mehr grüne Oasen unserer Stadt zunichtemacht.»

* Laut einer Standard Explosion auch bekannt als BrutalesUltralautesMegakrassesMonotongeräusch
** Das Baummobil, auch bekannt als Rindenflitzer oder Wurzel 1 – besteht ironischerweise allerdings nicht aus echtem Baummaterial, sondern aus 100% rezyklierbarem Plastik – warum, siehe oben Baums Einstellung zur Benutzung seiner Artgenossen
*** In Pangäa gibt es zwei Sonnen, eine für die Nacht und eine für tagsüber, wobei die Nacht sich somit genau genommen in sich selbst auflöst. Die Historiker von Pangäa finden das Wort «Nacht» klingt allerdings so hübsch und es reimt sich auf Krach – nicht ganz, aber Historiker sind eben keine Wortkünstler und Poetry Slammer sind als ausgestorben, erstickt an zu viel schlechten Wortwitzen. (Genau genommen wird der historische Himmelskörper «Mond» seit geraumer Zeit als zweite Sonne angesehen, besonders seit der Entwicklung der Mond-Energie, Anm.d.Ü)
**** Das literarische Meisterwerk «Der Herr der Ringe» von J.R.R. Tolkien hat nicht nur die Jahrmillionen überdauert, sondern wurde endlich zum Standardwerk der globalen Grundbildung. ENDLICH!!!

«Wie hat er das überhaupt gemacht, Robert? Wie kann ein ganzer Park so schnell sterben – vor allem: Ich sehe kein Feuer. Ich rieche keinen Rauch, keine Asche, kein Glühen.»

«Du hast Recht, Baum», Robert betritt vorsichtig den Rand des Kraters «hier hat es nicht gebrannt. Unmöglich, dass ein ganzer Park so schnell abbrennen kann – schliesslich sind wir mit zweifachem Solar gefahren!»

«Aber was war es dann? Was hat die Macht, so viele Pflanzen, so schnell zu töten?»

Da erschallt eine dumpfe Stimme hinter ihnen:

«Ich habe die Macht! Norbert! Norbert und Schaum! Mein Schaum ist ätzender als jede je dagewesene Säure im Universum und allen Paralleluniversen zusammen. Mit meinem Schaum kann ich innert einer Stunde und siebenundfünfzig Minuten jegliches Grün in Pangäa auslöschen.»

Baum starrt erschrocken auf den auffällig kleinen Mann mit dem Reagenzglas in der baumelnden Hand. «Warum genau eine Stunde und siebenundfünfzig Minuten? Warum nicht gleich zwei Stunden?»

«Weil ich um vier mit meiner Mutter zum Tee verabredet bin! Sie mag es nicht, wenn ich zu spät komme», antwortet Norbert mit einem Blick zu Boden. «Aber nichtsdestotrotz: Pangäa ist dem Untergang geweiht! Niemand kann mich aufhalten!» Just in dem Moment, in dem Norbert sich umdrehen und sich auf sein 357% umweltschädliches Motocross schwingen will, stürzt Robert sich von hinten auf ihn und schmettert ihn zu Boden. Baum war nämlich so gerissen und hat Norbert absichtlich abgelenkt, damit Robert sich unbemerkt von hinten anschleichen konnte. Aussehen tut Baum ja wie eine Eiche, aber er ist schlau wie ein Ahorn, das muss man ihm lassen!

Da dieser Text nicht gewaltverherrlichend sein soll und Robert und Baum-Geschichten sowieso immer zugunsten unserer Helden enden, überspringen wir einfach den Teil, in dem Robert Norbert aufs Gewaltsamste verprügelt, sämtliche Zähne und ein Drittel seiner Haare (mitsamt Kopfhaut) ausreisst, den Kopf auf den Asphalt knallt und schlussendlich Polizei UND Ambulanz eintreffen, weil sich Baum nicht entscheiden konnte, wen sie eher bräuchten – wir überspringen also den Teil und kommen gleich zur Szene, in der Robert und Baum gemütlich mit einem Rum-Kaffee und einem Glas Ahornsirup im Strassencafé gegenüber sitzen und gemütlich dem Pfeifen der Vögel und dem Hupen der Rikschas lauschen.

«Ach Robert – sind wir nicht ein tolles Team?»

«Ja, Baum. Das allerbeste überhaupt.»

«Du, was passiert denn jetzt mit der Stadt, nachdem der ganze Stadtpark futsch ist?»

«Mach dir keine Sorgen. Die meisten Bäume im Park waren sowieso aus Plastik. Man hat sie nur aufgestellt, um die Bewohner zu beruhigen und ihnen das Gefühl zu geben, die Umwelt erhole sich langsam.»

«Dann geht der Kampf also weiter?»

Robert leert seine Tasse in einem Zug, lässt seinen Blick gen Himmel gleiten und kneift die Augen leicht zusammen:

«Der Kampf gegen die Umweltverschmutzung wird nie enden, Baum. Niemals.»

EPISODE 7
GRUNDSÄTZLICHES LITERARISCHES KONZEPT EINER NEU GROSS-PANGÄISCHEN WEIHNACHTSGESCHICHTE

In 400 Millionen Jahren hat man jegliche Religion hinter sich gelassen und erfreut sich an den Vorzügen allgemeiner Intelligenz und Toleranz. Gott ist tot, so also auch Weihnachten.

F: «Gibts nicht mal Geschenke?»

...

P: «Nein!»

Geräusche von gewalttätigen Ausschreitungen.

EPISODE 8
ROSE HONEYMOON

Kein guter Tag beginnt mit folgenden – von Lautsprechern übertragenen – Worten: «Robert! Baum! In mein Büro!»
Die bellende Stimme des Chefs der Sondereinheit für Umweltschutz B.U.R.E.A.U war unverkennbar und Baum ahnte schon, dass wieder ein unmöglicher Auftrag bevorstand, oder dass O'Canine wieder einmal seine miese Stimmung an ihnen auslassen wollte.
Sein Partner schlenderte missmutig an ihm vorbei und gab ihm knapp winkend zu verstehen, ihm in die Höhle des Löwen (besser: des Dobermannes) zu folgen.

«Gentlemen», brummte der eckige Dobermann mürrisch und forderte sie beide mit einer wegwerfenden Handbewegung dazu auf, Platz zu nehmen. Zwar warf er ihnen einen finsteren Blick zu, doch kam er unverzüglich zum Punkt. «Wir haben ein Problem!»

Das Problem entpuppte sich als ein Problem, wie es im Buche steht. Und nicht in irgendeinem Buch, NEIN! Sondern in diesem Buch!* Wow!
Nicht nur waren in den letzten Wochen erheblich viele Bewohner der Bienen-Völker verschwunden, nein, gar der internationale Botanik-Sicherheitsrat hatte sich eingeschaltet und verlangte von unseren Helden Robert und Baum unverzügliche Aufklärung!
Dafür wurde Rose Honeymoon, Beauftragte des Internationalen Botanik-Sicherheitsrates, den Bureau-Agenten zur Seite gestellt.

«Lange nicht gesehen, Rose», brummte der alte Agent und schüttelte ihr fast schon lächelnd die Hand.*

Rose gehörte zu den seltenen Vertretern der Blumenfrauen, intelligenten Gewächsen von atemberaubender Schönheit, die dem jungen und ungestümen Baum das Harz in den Schädel trieb!

«Robert!» Freude schwang in ihrer Stimme mit.

«Und…?»

«B-b-b-b-b…»

«Baum, mein neuer Partner.» Robert bückte sich zu Rose und flüsterte: «Er ist etwas seltsam, ignorier ihn einfach.»

Rose grinste breit und sie machten sich auf den Weg.

FORTSETZUNG FOLGT!

Rechts.

* Robert Green lächelt nicht. Nur fast.

EPISODE 9
VINNIE VAN DER POOH

Wie es bei einem Jungspund eben so ist, welcher Schönheit mit wahrer Liebe verwechselt, stellte sich Baum grausam tollpatschig an, egal was sie gerade taten: Gingen sie Akten durch, setzte er diese versehentlich in Flammen, befragten sie Experten und Verschwörungstheoretiker, leerte er ihnen kalten Kaffee an, verfolgten sie verstohlen verstohlene Verdächtige, so stahl er gestohlene Objekte.

Robert verdrehte des Öfteren peinlich berührt die Augen, doch Rose nahm es lächelnd hin und kicherte verlegen, wann immer Baum stümperhafte Versuche unternahm, ihr seine ungestüme Liebe zu zeigen. Hierzu ein Gedicht.

MEINE ROSE
DU BLUME,
OH WUNDERBARE
BLUME!
ICH LIEBE DIESE
BLUME!
BAUM! *

---

* Baums literarischer Erguss lehnte sich natürlich an die letzte verbliebene Arbeit des antiken, menschlichen Dichters Sven Hirsbrunner an, dessen Gedicht «BLÜMCHEN!!!» nicht nur zahlreiche Frauen zum Erliegen gebracht hatte (manche sind gar nie wieder aufgestanden), sondern dessen zeitlose Qualität dafür gesorgt hatte, dass es über 400 Millionen Jahre akkurat weitergegeben wurde. (Man stellte sich das Telefonspiel vor, aber über 400 Millionen Jahre! Die Sorgfalt, mit der dieses literarische Werk weitergegeben wurde, zeugt nur von dessen Qualität.

Während Baum der Blindheit der Hormone erlegen war (sofern Bäume Hormone haben*), gingen Robert und Rose Honeymoon den wenigen und undurchsichtigen Spuren des Bienenverschwindens nach.

Was erst wie ein hoffnungsloses Unterfangen erschien, trug schliesslich Früchte! Gerade als alle den Kopf in den Sand stecken wollten, erhaschte Honeymoon einen mehr als nötigen Hinweis!

Denn hoch über ihnen, an die weite, leere Wand eines Wolkenkratzers projiziert, entdeckte die junge Beauftragte des Internationalen Botanik-Sicherheitsrates: Werbung!

Nun, Werbung ist auch in diesen Zeiten etwas Profanes und Natürliches, keine Frage. Doch wenn es in der Werbung gerade zufällig um Honig geht, während in der Welt alle Bienen verschwinden, tja, dann ist Werbung plötzlich nicht mehr so profan.

«POOH Industries?», fragte Baum, Rinde runzelnd.

«Ist das nicht dieser Neureiche? Vinnie van der Pooh? Imker, Philanthrop, Milliardär?», fragte Rose Honeymoon und blickte hilfesuchend zu Robert.

Robert, der über den meisten Klatsch innerhalb Neu Gross-Pangäas stets auf dem Laufenden war – ausgedehnte Toilettenpausen während den Arbeitszeiten und ein lebenslanges Abonnement eines jeden Klatsch-Heftchens halfen ihm dabei – nickte nur schwer.

«Dann checken wir ihn aus?»

Der alternde Agent bedeutete den beiden, ihm zu folgen. «Wir haben ja sonst nichts zu tun.»

* Ja, allerdings haben sie Phytohormone! Quasi Pflanzenhoromone. (Anm. F.)

Weder die Nachforschung im Archiv des Bureaus noch die Überprüfung des Steueramts liess im Geringsten durchblicken, dass Van der Pooh in irgendeiner Form in zwielichtige Machenschaften verwickelt war.

«Unglaublich, wie Leute heutzutage reich werden», murmelte Baum abwesend und blätterte durch Van der Poohs Akte.

«Du findest es seltsam, wenn jemand durch Aktien- und Immobilienhandel zu Reichtum kommt?» Rose, die gleich neben ihm stand, musterte ihn verwirrt.

«Was? Ah, ich habe mich verlesen. Ich dachte Akazienhandel!» Die Beauftragte des Internationalen Botanik-Sicherheitsrates lachte laut auf, fasste sich jedoch gleich wieder. Ihre Miene wurde ernst. «Auf jeden Fall scheint dies eine tote Spur zu sein.» Sie seufzte und warf die Aktie auf den zugemüllten Tisch.

«Oder auch nicht!», wurden sie plötzlich von Robert unterbrochen. Er wedelte energisch mit einer Zeitung herum und zuckte mit den Mundwinkeln. «Vinnie van der Pooh hat in jüngster Vergangenheit nicht nur Schlagzeilen in der Honig-Industrie gemacht, sondern sich intensiv für Arbeitsplätze der Bienenstämmigen bemüht. Ich zitiere: ,So hat nicht nur Bienenjunge Kevin feste Arbeit bei POOH Industries gefunden, sondern gleich alle Stämme des Reservats. Es ist ein grosser Tag für die Bienen Pangäas und ein noch grösserer Tag für Vinnie van der Pooh, der das alles möglich gemacht hat!'»

«Die Bienen sind also gar nicht verschwunden, sondern haben einfach Arbeit gefunden!», rief Baum schon hocherfreut, doch Robert schüttelte nur seufzend den Kopf.

«Leute die arbeiten, verschwinden nicht einfach so, Baum.»

Unsere Helden sahen von Anfang an davon ab, bei den in der Zeitung erwähnten Reservaten nachzuschauen, denn eine riesige Honig-Fabrik in der Einfahrt hätten die Stämme sicherlich bemerkt. Bei offiziellen Geschäftsstellen von POOH Industries rumzuschnüffeln hätte ebenso wenig Sinn ergeben, da die Chance dort etwas zu finden genauso gering gewesen wäre, ausserdem hätte der Verdächtige so Wind von der ganzen Sache bekommen können.

Stattdessen nahmen sie sich den einzigen Ort vor, der nach der gründlichen Prüfung der Grundbucheinträge der Firma noch in Frage kam: Van der Poohs Villa.

«Siehst du was?»

«Ich habe noch nicht einmal das Fernglas in der Hand!»

«Oh.»

Als Robert schliesslich durch das Fernglas blickte, schien es erst so, als ob es sich um eine einfache, abgelegene Villa nahe der Küste handelte. Doch bei näherem Hinschauen entdeckten sie, dass etwas nicht stimmen konnte.

«Erstaunlich viel Verkehr für einen Privatbesitz», kommentierte Baum und Robert nickte stumm.

Lieferwagen kamen und gingen, Helikopter kreisten über den Dächern, als sich die halbe Klippe öffnete und den Weg einem Zeppelin mittlerer Grösse frei gab.

«Ein Transportschiff von POOH Industries?» Rose kniff die Augen zusammen und versuchte die Schrift auf dem Zeppelin zu entziffern.

«Nein», knurrte Robert flüsternd und kramte seine Kamera hervor. «Das ist keines von Poohs Transportschiffen!» Robert knipste wütend ein paar Fotos, liess die Kamera sinken und blickte in die Ferne. «Das ist ein Schiff der L.I.G.A!»

Was die Agenten des Bureaus jedoch nicht ahnten, war, dass ihre Anwesenheit längst von ihrem Feind bemerkt worden war.

«Boss, Boss!»

Vinnie van der Pooh drehte sich auf seinem mächtigen Sessel in die Richtung seines Vasallen. Die imposante Gestalt eines Grizzlybären lehnte sich knurrend vor und seine Augen blitzten wütend auf. «Was ist los?»

«Unsere Späher, Sir, sie haben Eindringlinge entdeckt.»

«Eindringlinge?» Ein Schatten erschien neben van der Pooh. Die Stimme klang dumpf und verzerrt, obgleich eisig kalt. Etwas klackerte in der Dunkelheit, etwas, was van der Poohs Handlanger als die Scheren eines Krebses, nein, eines Skorpions erkannten. Da dämmerte es ihm. Da neben seinem Boss stand der berüchtigte Auftragskiller der Liga höchstpersönlich: Scorpio. Nr. 2 der Organisation.

«Hm?», hakte der Killer nach und klackerte weiter mit den Scheren.

«Auf den Bildschirm damit», bellte der korrupte Milliardär barsch. Einer seiner Imker-Handlanger gehorchte umgehend und das, was da auf dem monströsen Screen erschien, war eine Aufnahme von drei Eindringlingen in der Ferne der Villa.

«Green!», zischte Scorpio.

«Green?» Van der Pooh horchte beunruhigt auf. «Robert Green? Der legendäre Bureau-Agent?»

Scorpio nickte langsam.

Man konnte sehen, wie dem Boss kalter Schweiss ausbrach. Nervös zupfte van der Pooh am Kragen seines Hemdes und spähte hilfesuchend zu Scorpio hinüber. Dieser klackerte weiter mit seinen Scheren und unter dem Saum seines Mantels, so erkannte der Handlanger, ragte der giftige Stachel seines Skorpion-Schwanzes hervor. «Keine Angst, van der Pooh, ich kümmere mich darum.»

«Was machen wir jetzt, Robert?»

«Dasselbe, was wir immer tun, Baum.»

«Wir versuchen die Weltherrschaft an uns zu reissen?»

«Was? Nein! Wir machen die Sache publik!»

Rose riss das Steuer ihres Autos herum und bugsierte sie von dem holprigen Waldweg zurück auf die Hauptstrasse. Sie musste beinahe brüllen, um den Lärm des Motors zu übertönen: «Reicht das aus?»

«Zumindest genug, um eine offizielle Untersuchung der Behörden anzuordnen», meinte Robert und schaute aus dem Fenster. «Van der Poohs Ruf ist ruiniert und auch wenn sie es schaffen, alle Spuren zu verwischen, finden wir immer etwas, an dem wir den Herren Milliardär aufhängen können.» Seine Mundwinkel zuckten zufrieden und Rose fuhr sie weiter durch die Nacht.

«Bist du bereit?» Rose war zu ihm ins Zimmer getreten und Robert nickte nur. Kurz studierte er noch die offizielle Erklärung, die Baum für ihn verfasst hatte. Der junge Agent mochte zwar ein Tollpatsch sein, jedoch war er alles andere als unbrauchbar. Noch einmal prägte er sich die Worte, Sätze und Silben ein und trat vor die versammelte Masse.

Und in genau diesem Moment löste sich ein ohrenbetäubender Schuss.

FORTSETZUNG FOLGT. (TATSÄCHLICH)

ROBERT UND BAUM, DEM VERBRECHEN AUF DER SPUR!

Nachdem immer mehr Bienen spurlos verschwunden sind, wendet sich die Beauftragte des Internationalen Botanik-Sicherheitsrates Rose Honeymoon an unsere Helden, Robert und Baum. Zwar tappen die beiden erst im Dunkeln, doch nach intensiven Nachforschungen, Schiessereien und nicht ganz jugendfreien Sexszenen gelingt es den beiden schliesslich, dem mysteriösen Bienensterben auf die Schliche zu kommen.

Doch gerade als Robert und Baum die erschreckende Wahrheit der Weltöffentlichkeit zugänglich machen wollen, wird Robert von einem unbekannten Schützen niedergeschossen!

Mit seinem besten Freund im Koma, macht sich Baum gemeinsam mit Rose auf, die Welt zu retten. Vor dem grausamen Honig-Magnaten Vinnie van der Pooh.

INTRO!

Biene / Blüte / BÄR, / Biene / Biene / Blüte / BÄR!

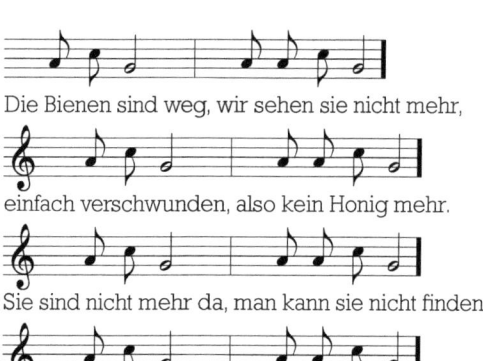

Die Bienen sind weg, wir sehen sie nicht mehr,

einfach verschwunden, also kein Honig mehr.

Sie sind nicht mehr da, man kann sie nicht finden,

Ohne Honig! Muss man Honigersatz erfinden!

Honigersatz? Oh nein!
Honigersatz? Nicht fein!
Honigersatz? Allein?
Das darf doch nicht wahr sein!

TROMMELWIRBEL!
DREI AUSRUFEZEICHEN!!! »»»

PRÄSENTIERT:

EINE NEUE EPISODE VON
IN GRÜNER EMISSION.

EPISODE 10:
HONEY, HONEY, BOOM, BOOM!

Rose Honeymoon, Beauftragte des Internationalen Botanik-Sicherheitsrates hatte Einiges schon erlebt. Sonne! Regen. Und einst sogar einen lauen Sommersturm.

Doch auf eine so massive, so weltübergreifende Verschwörung war sie alles andere als gefasst gewesen. Die Bienen – wichtiger Bestandteil des Ökosystems und der sexuellen Aufklärung für schwerbehinderte Kleinkinder – waren nicht nur spurlos verschwunden, nein, sondern entführt worden! Entführt durch niemand Geringeren als Vinnie van der Pooh, skrupelloser Milliardär, Gangster und bekannter Hobby-Imker.

In einem zuvor mehr als waghalsigen Versuch, diesem Bösewicht aller Bösewichte auf die Spur zu kommen, hatten Robert und Baum Einiges riskiert, doch das Attentat auf Robert hatte dem Duo einen saftigen Strich durch die Rechnung gemacht! Mit Robert im Koma liegt es nun an Baum, die Bienen vor dem unfreiwilligen Aussterben zu bewahren.

Zusammen mit Rose Honeymoon ist nun also Baum in die Villa des Schurken eingedrungen, nur um gleich darauf von den Imker-Handlangern des Feindes geschnappt und überwältigt zu werden.

In Ketten gelegt und über eine brodelnde Suppe aus blubberndem Honig aufgehängt, erwarten die beiden nun ihr Schicksal.

«Na, wenn das nicht Agent Baum höchst**BÄR**sönlich ist!»
Was sie da hören, ist die Stimme ihres Gastgebers.
Die Stimme eines **BÄR**en, eines **BÄR**en namens…
«Vinnie van der Pooh!»
«Ja ja, so haben mich meine Eltern genannt! Ich bin der Käpt'n Blau**BÄR** der Lügen! Der **BÄR**lusconi des Verbrechens!»
«Was wollen Sie von uns?»
«Was ich von euch will, meine Blume? Die Frage ist, was ihr von MIR wollt?! In Anbetracht der Umstände, dass ihr in mein supergeheimes, supergeniales Superbösewicht-Versteck, welches innerhalb eines **BÄR**gwerks versteckt ist, eingedrungen seid! Ich könnte euch wegen Ruhestörung anzeigen!»
«Ruhestörung? Wir könnten Sie für das Artensterben der Bienen hinter Gitter bringen!»
«Genau! Ergib dich, du Schuft, du Bösewicht!»
«Deine Naivität ehrt dich Baum. A**BÄR** lass dich von deinem A**BÄR**glauben über soziales Verhalten nicht in die Irre führen. Nur weil alle **BÄR**manent sagen, ich solle aufgeben, werde ich das noch lange nicht tun. Das wäre ja ziemlich al**BÄR**n… höhöhö…
«Die Bienen, was wollen Sie mit den Bienen?»
Vinnie van der Pooh runzelte **BÄR**plex die Stirn und tippte seine Pranken aneinander. «Ist das euer Ernst?»
«Unser voller Ernst!»
«Raus damit. Was willst du, van der Pooh? Die Welt vernichten? Das Ökosystem zerstören? Die armen Kinder um sexuelle Aufklärung bringen?»

«Humpf! Ihr seht das ja aus einer vollkommen falschen **BÄR**-spektive! Ich will das verdammte Honig-Monopol, verdammt nochmal. Wen interessiert schon die Umwelt? Wen interessiert schon das Ökosystem? Honig! Honig, meine Freunde! Ein Honig-Im**BÄR**ium! Ich, der König des Honigs! Das sind Ziele von ganz anderem Kali**BÄR**!»

«Du bist doch **BÄR**värs! Du bist doch maka**BÄR**!»

Mit diesen Worten reissen sich Rose Honeymoon und Baum von ihren Ketten los und schaffen es mit einem knappen Sprung, dem sicheren Tod durch kochenden Honig zu entkommen.

«Das Blatt hat sich gewendet, van der Pooh!»

Mit wenigen Schritten sind Honeymoon und Baum den Fängen der Imker entkommen und was nun folgt, ist eine rasante Flucht durch das supergeheime, supergeniale Superbösewicht-Versteck von Vinnie van der Pooh!

Doch so einfach gibt der Bösewicht nicht auf, nein, sondern nimmt die Sache gleich selbst in die Pranke. Mit einem Trupp seiner besten Untergebenen nimmt er die Verfolgung auf. Es dauert nicht lange, bis Jäger und Gejagte sich wieder gegenüber stehen, doch dieses Mal in den Fabrikhallen des supergeheimen, supergenialen Superbösewicht-Versteckes.

In einer Fabrikhalle, gefüllt mit einem summenden Ton.

In einer Fabrikhalle voller gefangener, versklavter Bienen.

«Du bist ein Monster, van der Pooh!»

«Niemand stellt sich zwischen mich und meine Ziele, Schätzchen!»

Doch gerade als Van der Pooh einem Handlanger das Gewehr aus den Händen reisst, um seine Kontrahenten ein für alle Mal aus dem Weg zu schaffen, wird er von Baum zu Boden gerammt. Zwischen den beiden entbrennt ein Zweikampf auf Leben und

Tod, keiner dem anderen ansatzweise überlegen, nein. Schläge werden ausgetauscht, Tritte getreten und zwischen all dem Lärm und all dem Chaos bringt Baum noch über die Lippen:

«Die Bienen, Rose, die Bienen!»

Ohne auch nur einen Moment zu verlieren, beginnt Rose Honeymoon damit, die Bienen aus ihren Kerkerzellen zu befreien. Ein Schwarm von Tausenden über Abertausenden wütender Bienen machen sich wie eine Explosion aus Schwarz und Gelb über van der Pooh und seine Komparsen her.

Mit Schreien und Zetern ergreifen diese die Flucht und nur van der Pooh bleibt letztlich zurück, unter stetigem Stechen und wütendem Summen der Bienen.

«Das ist lange nicht das Ende, Baum!»

Mit diesen Worten stürzt der Bär über die Reling in die Tiefe und mitten in einen Kessel voller brodelndem Honig.

«Das ist noch lange nicht das Ende!», sind die letzten Worte des Schurkens, ehe er in der zuckersüssen Brühe versinkt.

«Ist es endlich vorbei, Baum?»

«Ich hoffe es, Rose, ich hoffe es. Aber…»

«Aber?»

FORTSETZUNG FOLGT.

ETWAS SPÄTER...

Eine verlassene Fabrikhalle mit einem Kessel voller abge-
kühltem Honig. Alles wirkt still. Wind pfeift. Ratten huschen
hin und her. Ein verlassener Ort.
Dann bricht plötzlich eine Hand durch die dickflüssige Oberfläche des Honigs und ein entstellter van der Pooh erhebt sich
aus der Tiefe.
«Ü**BÄR**raschung!»

EPISODE 11:
WIE BAUM IN DEN WALD RUFT, BÄUMT ES SICH ZURÜCK

Etwas tropfte. Tropf.

Tropf. Tropf.

Tropf.

Und dann fast vollkommene Stille, begleitet nur vom nachhallenden Echo der Tropfen.

Kälte hatte seine unangenehmen Krallen um ihn geklammert, als er erwachte und Baum brauchte einen Moment, um festzustellen, wo und wer er war.

Letztere Frage konnte er auf den dritten Versuch beantworten, war er doch Baum, Agent des Büro für Umweltschutz, zur Rettung der Enten und anderen Umweltdelikten – kurz B.U.R.E.A.U (noch kürzer Bureau). War er doch ein biologischer Supersoldat, war er doch der Partner des legendären und angesehenen Robert Green!

Die erstere Frage, nämlich wo er gerade war, liess sich jedoch weder beim dritten Mal noch beim dreiundfünfzigsten Versuch ergründen, doch Baum gab nicht auf. Schliesslich war er ein Achtel Kaktus!*

Er befand sich in einer dunklen Zelle und es tropfte. Dunkelheit und Nässe. Keine besonders guten Anhaltspunkte.

Genau in dem Moment erklang ein ohrenbetäubendes Quietschen, ein Geräusch, deren Quelle Baum bald als die Angeln einer schweren Tür erkannte. Mattes Licht fiel in die Düsternis

---

* Es war nicht ein überstarker Wille oder die unhaltbare Behauptung, dass er teils Kaktus sei, welche Baum dazu veranlasste, sich dreiundfünfzig Mal dieselbe Frage zu stellen (Kakteen sind ja allgemein als unglaublich geduldige Gesellen bekannt, allem voran seit jenen Schachmeisterschaften, welche selbst jetzt, nach 10 Jahren kein Ende gefunden hatten. Zwei legendäre Kakteen-Grossmeister studierten gar jetzt noch an ihren jeweiligen Spieleröffnungen). Nein, es hatte mehr damit zu tun, dass Baum die Realität in anderen Bahnen wahrnahm, als eine normale Person. Schliesslich war er ein Baum, kein Mensch.

und erhellte sie in bläulichen Dunst. Baum begann steinerne Mauern zu erkennen, ebenso Gitterstäbe, fest im Boden verankert und eine Pfütze, in die die nervtötenden Tropfen fielen. Tropf. Tropf.

«Guten Abend, Baum, hehe», kicherte plötzlich eine wirre, doch nicht ganz unbekannte Stimme zwischen die Stäbe hindurch und Baum erkannte einen gewaltigen Schatten in der Ecke des Raumes.

Baum musste seine Mandelaugen* zusammenkneifen, um überhaupt was zu erkennen. Dann dämmerte es ihm: «Van der Pooh!»

«Was ist los, Baum?», schnurrte dieser schadenfreudig, «Wohl nicht damit gerechnet, mich wiederzusehen?»

«Ich habe dich in kochenden Honig stürzen sehen», erwiderte der junge Agent entsetzt, während sein Blick auf dem Schatten des Bären haften blieb. «Gestern!»

Der schemenhafte Schurke seufzte. «Erstens: Es war nicht gestern, sondern vor rund einem Monat. Zweitens: Niemand stirbt von einem Fall in kochenden Honig! Man zieht sich bloss üble Verbrennungen zu.» Der hünenhafte Schatten strich sich vorsichtig über den Arm, was sich in etwa so anhörte, als würde man mit einer Käsereibe über Tannenrinde schleifen. Zugegeben, der Vergleich hinkte, doch Baum nahm halt die Welt nicht so wahr wie andere Leute.

«Oh!»

* Im wahrsten Sinne des Wortes.

«Ja: Oh!», keifte der verletzte Bären-Humanoide sarkastisch, doch Baum hörte diesen verletzten Ton heraus, welchen er von kleinen Kindern kannte, welche gerade eine Schlägerei verloren hatten. Oft genug war er selbst darin verwickelt gewesen.

«Ich habe alles verloren, Baum. Mein Vermögen. Meinen Besitz, meine Handlanger. Alles verloren, wegen dir!»

Ein Licht flackerte plötzlich auf und blendete Baum für kurze Zeit. Als er wieder etwas erkennen konnte, bemerkte er eine notdürftige Fackel und das grauenvoll vernarbte Gesicht seines Widersachers.

«Ich habe bloss meine Pflicht als Agent des Bureaus erledigt», erwiderte Baum trotzig, «dem Bösen das Handwerk zu legen!»

Das Licht der Fackel warf harte Schatten, jedoch zweifelte Baum kaum daran, das der Ausdruck in van der Poohs Augen echt war: entfesselter, verzweifelter Wahnsinn. Er würde davon absehen, Rose Honeymoons Beteiligung an van der Poohs sozialem Abstieg zu erwähnen, schliesslich wollte er die Liebe seines Lebens nicht unnötig in Gefahr bringen. Sie wird ja vielleicht den Samen Baums in sich getragen hatten!*

«Was willst du, van der Pooh? Rache? Ich kann dir weder deinen Besitz, noch deinen Reichtum zurückgeben. Geschweige denn deine Handlanger, aber da siehst du mal was passiert wenn man seine Freunde nur des Geldes wegen hat.»

Der Schatten gackerte lachend. «Keine Angst», sagte er, was Baum ungemein beruhigte. «Ich bin nicht mehr so ambitioniert! Ich gebe mich auch mit Schmerz und Tod zufrieden!», brüllte er, was Baum wiederum ungemein beunruhigte.

«Ausserdem», brummte der Bär in der Düsternis, «sind mir ein paar loyale Anhänger geblieben.» In Einklang mit diesen

---

* Jaha, die grammatikalisch korrekte Anwendung des FUTUR III nach dem grossen Poeten Jan Philipp Zimny. Aber nur grammatikalisch. Baums Aussage wohnt kein Fünkchen Wahrheit bei!

Worten schnippte er und durch die Tür schlüpfte ein langer, schmaler Imker in gelbem Gewand, sein Gesicht von einem Imker-Schleier verdeckt. «Bring den Gefangenen nach draussen, äh...»

«Bob», murrte der Imker.

«Bob?»

«Bob», bestätigte der Handlanger.

«Nun Bob», meinte van der Pooh und bedeutete dem Schergen kurz, den gefangenen Agenten aus der Zelle zu holen.

«Was hast du mit mir vor?» Eine Portion Angst schwang in den Worten des Jungspunds mit, eine Tonlage, die der Schurke nur all zu offensichtlich genoss.

«Rache», schnurrte der Bär jovial grinsend, während er Bob und Baum ins Freie folgte.

Bob, der Handlanger, stiess den jungen Bureau-Agenten durch eine schwere, alte Holztür und Baum schlug frische Seeluft entgegen. Was sich da vor ihnen auftat, war eine zerklüftete Küstenlandschaft, gebadet in blaues Mondlicht.

Baum erkannte in der Ferne die Gegend, in welcher van der Poohs Villa und dementsprechend seine geheime Fabrik standen. Der verletzte Ganove hatte es wohl nicht weit geschafft.

Es war wohl Zeit für seine letzten Worte.

«Auch wenn du mich jetzt tötest, es werden stets andere Agenten kommen, um dich zu holen!»

Der Bär trat ins Mondlicht und offenbarte seine scheussliche Visage. Ihr Kampf in der letzte Episode hatte ihn mit Narben und starken Verbrennungen zurückgelassen. Von dem stolzen, verschlagenen Milliardär Vinnie van der Pooh war nicht mehr viel übrig. Aus einem Auge war die Farbe und die Sehkraft gewichen, Teile seiner Wangen waren verkohlten Löchern gewichen, scharfe Zähne blitzten hindurch und Speichel lief ihm ungehalten aus den Lefzen. Doch es waren nicht seine zerrissenen Kleider, nicht sein zerfetztes Fell, nein, es war der Blick in van der Poohs Augen. Der Wahnsinn hatte ihn heimgesucht, wie ein alter Feind.

Auch Baum erinnerte sich an einen alten Feind: Ahab, ebenfalls dem Wahnsinn verfallen, seine erste Begegnung mit der Liga.

«Es kann mich niemand holen kommen, wenn niemand weiss, wo du bist, Baum», erwiderte der Bösewicht und schnippte, «Bob, wenn du so gut wärst.»

«Natürlich», sagte Bob, zog seine Pistole, drehte sich um und erschoss kurzerhand van der Pooh.

«Was zum…?», schrie Baum auf, während der Schurke ungläubig in sich zusammensackte.

«Keine Angst, er ist nur betäubt.» Der Imker entfernte sein professionelles Imker-Blouson und den Schleier und enthüllte ein Gesicht, mit dem Baum alles andere als gerechnet hatte.

«Robert?»

«Baum.»

«Du wurdest niedergeschossen!», stotterte Baum, «Gestern!»

«Das war vor über einem Monat, Baum! Wir haben inzwischen sogar drei Fälle gelöst.»

«Ah, ja.»

Robert seufzte tief. «Lass uns van der Pooh einpacken und dann verschwinden wir.»

Baum lachte und nickte.

EPISODE 12:
DAS LETZTE EINHORN

von Nicole Knöpfli

Unsere beiden Helden ziehen mal wieder gemeinsam umher. Baum ist ein weiteres Mal entzückt ob der fantastischen Schönheit der Welt Neu Gross-Pangäas. Mit viel zu hoher Stimme singt er Baumlieder wie «Twelve Days of Christmas» – allerdings jeweils ohne Strophen nur die Phrase «…and a partridge in a pear tree» wiederholend – und «o Tannenbaum»*. Robert hingegen ist mal wieder genervt und grummelt Unverständliches. Wahrscheinlich motzt er über das zu gute Wetter oder das zu schlechte. Typisch Mensch eben.

Unsere Helden ziehen also umher und weichen etlichen Gefahren aus, nur, um der Rettung der Natur ein Stück näher zu kommen. Wie unsere Freunde aus Pokémon durchstreifen sie gerade einen Hügel mit einem Rudel Bambis, werden unterbrochen von tausend Tausendfüssern der Rasse Balthasar, auf die sie bedacht sind, nicht drauf zu treten, und einer Herde Bisons, der sie gerade noch entkommen können, während Mufasa, Simbas Vater, darunter verstampft und entstellt wird. Gerade als beide wieder zu Atem ringen, sehen sie von des Hügels oberstem Gipfel eine Höhle. Es ist nicht die Höhle des Löwen, sondern die Höhle des Roten Stiers, dem Cousin Taurus McBulls, und nicht eben weniger gefährlich. Baum und Robert sehen sich ernst an und nicken. Vor ihnen liegt sie. Ihre nächste Mission.

Seit Hunderten von Jahren lebt der Rote Stier, ehrfürchtig von den Vögeln der umliegenden Gegenden Taurarus McRedicus genannt, in dieser Höhle direkt neben dem Meer, unter einer mächtigen Burg eines noch herrschenden Königs gelegen.

---

* Baum hatte also mal wieder eine Rebellenphase, in der er dachte, er sei eine Tanne. Dabei habe ich mir sagen lassen, dass die Autoren noch nicht mal die Baumrasse von Baum definiert haben. Immer diese Hobbyautoren. So wird der arme Baum seine wahre Identität ja nie finden.

Taurarus McRedicus, der mächtige Stier. Riesige gekrümmte Hörner thronen auf seinem Kopf, kräftige Beine stützen seinen zu dicken Bauch, der nicht Fett, sondern fettfreies Einhornfleisch enthält. Drei Einhörner hatte der Stier gegessen, sagte die Legende.

«Drei Einhörner?» Baum sieht mit furchterregendem Blick Richtung Robert.

«Drei», flüstert dieser ehrfürchtig, und genau in diesem Moment stapft der Stier, gefolgt von einer Wolke aus loderndem Feuer, der seinen geschmeidigen Körper mit dem weichen Stierfell umstreift, aus der Höhle. Robert und Baum sehen zu, wie er Hufe vor Hufe stellt und Richtung Meer schreitet. Zwei Fuss davor bleibt er stehen, gerade so, dass ihn die Wellen beim Ausschäumen an den Strand nicht streifen.

«Wasser. Er hat Angst vor dem Wasser.»

«Das heisst», schlussfolgert Baum, clever wie Justus Jonas der 3 Fragezeichen, «wir drängen ihn zum Meer und ersticken seine Flamme. Du heilige Blattlaus, das machen wir!» Voller Tatendrang kringelt er einen Ast zu einer Spirale ein. Robert, Baums Eifer teilend, ballt ebenfalls die Hand zur Faust und so stossen sie Fingerknochen an Baumholz zusammen. Ein paar Blätter fallen zu Boden, während sie auf ihre neue Mission anstossen*.

«Wir werden ihn in den Wellen wie die Blätter im Erdboden versenken!», ruft Baum noch einmal in einem übertrieben unnötigen euphorischen Kampfschrei.

Robert schweigt, während er wieder ins Tal hinab dem Treiben des Stieres zusieht. Hier also fristet er ein ruhiges Dasein, friedlich Gras kauend und Fliegen fischend und Fische verschlingend.

---

* Einige der aufmerksameren Zuleser könnten sich an dieser Stelle die Frage stellen, was ein roter Stier zur Abnutzung der Natur beiträgt, wo doch unsere zwei Freunde nur daran interessiert sind, die Umwelt in ihrer Wahrhaftigkeit zu bewahren. Nun ja, es ist nicht so, dass Robert und Baum etwas gegen Stiere haben, auch wenn sie noch so hohe Flammen werfen. Auch wenn dies im ersten Moment nicht glaubhaft wirken mag, nicht der Stier ist das Problem. Es sind die Einhörner. Die Einhörner, die der Stier im Meer gefangen hält. Denn die Einhörner verschmutzen mit ihrem Kot das Wasser, und Einhornkacke ist nur sehr, sehr schlecht abbaubar. Schlechter als Uran. Deshalb ist es die Aufgabe von Baum und Robert, die Einhörner aus dem Meer zu befreien, sodass das Meer wieder atmen kann.

Doch nun hatte die Ruhe des Bullen ein Ende, wenn Robert und Baum gleich in sein Revier eindringen und den Stier in die tosenden Wellen des Meeres werfen würden.

Eilig schleichen sich die Zwei nun den Hügel hinunter. Dem Plan von Schlieffen - «Macht mir den rechten Flügel stark» - folgend umlaufen sie den direkten Weg, indem sie eine Kurve zur rechten Seite gehen, sodass sie sich hinter der Höhle des Stiers verstecken und sich dort zum Angriff sammeln können.

Noch während die beiden Freunde auf dem Weg zur Höhle sind, überschlagen sich jedoch plötzlich die Ereignisse.

Eine Kuh, die vom Stier soeben bestiegen wurde*, muht und hüpft auf allen Vieren davon. Die violette Rötung ihres gefleckten Felles erinnert an antike, deutsche Fernsehwerbungen oder Schweizer Skisprungkühe. Nicht zu vergessen den Kühen in Kraftfahrzeugen. Kaum ist die Kuh vom Acker, springt just ein Mensch aus seinem Versteck hinter einem grossen Stein hervor. Er trägt ein bläuliches Gewand, seltsame Zigan**-Schuhe und einen langen, schlappen Zaubererhut. Robert und Baum nehmen wahr, wie sich hinter dem Stein noch eine weitere Figur versteckt. Eine Frau mit gekraustem Haar in langem Kleid, ängstlich Richtung Stier blickend, panisch die Augen geweitet.

Der Blaugewand-Mensch wird vom Stier entdeckt, Taurarus bäumt sich vor ihm auf, wütend durch die gestörte Ruhe danach. Der Blau-Mensch lässt sich davon nicht beeindrucken und beginnt, seine Hände vor sich auszustrecken, sich zu sammeln und er murmelt seltsame Laute.

Robert fragt sich, ob Blau-Mensch in Latein oder doch eher in Harry-Potter-Rumänisch spricht, doch er kann sich nicht entsinnen, die Sprache je gehört zu haben.

«Er zaubert, Robert!», raschelt Baum und Robert sieht, wie der Zauberer lauter schwafelt und auf den Stier einredet. Taurarus

---

* Er treibt es tatsächlich gerade mit einer Kuh. Von wegen 7 Minuten. Der Stier mag Abkürzungen.
** Zigeuner

gibt einen Stierlaut von sich, scharrt mit der Hufe und macht einen Satz auf den Zauberer zu. Ihn beinahe aufspiessend, gibt er ihm eine saftige Kopfnuss, wodurch Blau-Mensch zur Seite fällt. Der Zauberer schreit weiblich auf und hält die Hände vors Gesicht. Nicht mal Harry Potter mit seiner runden Hornbrille hätte so dämlich aus der Wäsche geguckt. Es war also doch eher Latein.

«Wozu ist aller Zauber da, wenn man damit noch nicht mal ein Einhorn retten kann?!», fragt Baum kläglich und Robert, wissenschaftlich und rational – typisch Mensch eben – meint, es gebe keine Magie, das sei alles Humbug.

Und da sehen sie das Einhorn. Das letzte noch überlebende, das letzte dem Roten Stier bisher entkommene Einhorn. Es hatte sich unter einer Decke hinter der Frau mit den kruseligen Haaren versteckt gehalten. Nun jedoch, wo der Zauberer geschlagen nach hinten gefallen ist, kommt es hervor, will dem Stier mit seinem Horn Hörner aufsetzen. Doch das Einhorn ist noch ein Fohlen und kann kaum laufen. Es sackt hilflos in sich zusammen. Taurarus McRedicus gewinnt auch dieses Duell und sofern die Krusel-Frau keine scharf geschliffenen Teller oder japanische Messer werfen kann, wird Taurarus auch das letzte Einhorn ins Meer drängen. Robert und Baum sehen sich an. Sie nicken erneut. Bitterernst. Faust-Ast-Schlag. Sie sind an der Reihe.

Robert und Baum schnellen gleichzeitig aus ihrem Versteck hervor – mit einem Feuerlöscher! Den sie zuvor aus ihrem Rucksack geholt haben. Sie richten ihn auf den überraschten Stier, betätigen den Abzug und dicker weisser Schaum spriesst aus dem Schlauch des Feuerlöschers hervor. Der

Schaum erreicht Taurarus, der sich nicht von dem plötzlichen Angriff retten kann und die Flammen, von denen der mächtige Stier umringt ist, werden von dem seifigen Wasser willenlos erstickt. Taurarus, geschwächt, wirkt wie paralysiert und kann nur betäubt zusehen, wie Baum sich auf die Erde legt, sich steif wie ein Brett macht, Robert ihn mit einem Kick ins Rollen bringt und Baum gefährlich wie eine Walze auf den Stier zurollt. Taurarus wird von Baum erfasst, fällt von den Hufen, rutscht auf dem Boden aus, fällt geradewegs ins Wellenmeer und wird unter ihm begraben.

Noch in der gleichen Sekunde gibt das Einhorn einen triumphalen Pferdeschrei von sich und aus den Wellen springt ein zweites Einhorn, hoch hinauf auf den Hügel und darüber auf der anderen Seite wieder hinunter ins Tal, weit weg vom Meer, welches es jahrzehntelang gefangen gehalten hatte. Robert wendet den Blick vom Hügel ab, wo das Einhorn schon verschwunden ist, und sieht, wie ein drittes, ein viertes und dann riesige Scharen von Einhörnern dem anderen folgen und sie alle rennen, als ob es um ihr Leben ginge*.

Blau-Mensch und Krusel-Frau reiten auf einem Einhorn durch den kitschigen Sonnenuntergang und Robert fischt unterdessen Baum wieder aus dem Wasser.

«Nun herrscht wieder ein Stück mehr Frieden in Neu-Gross-Pangäa», meint Robert und trocknet Baum grob mit einem Frotteetuch aus seinem Rucksack ab.

«‹Einer muss den Frieden beginnen wie den Krieg**›», stimmt Baum zu und somit verlassen sie gemeinsam den Ort und machen sich auf den Weg zur nächsten Mission.

---

* Leider muss ich an dieser Stelle den Kindheitstraum jedes Pferdefans zerstören. Einhörner sind unfassbar dumme Tiere. Man spricht immer von Goldfischen mit einem Gedächtnis von wenigen Sekunden. Einhörner erinnern sich zwar an das, was sie soeben getan haben und sie können sich auch an ihre Gefangenschaft im Meer erinnern, allerdings werden die armen Viecher nun ihr Leben lang das Gefühl haben, sie seien auf der Flucht vor eben jener Gefangenschaft. Einhörner sind emotionsarm. Ihr Gehirn speichert nur eine Emotion. So lang sie jung sind, können sie diese noch ändern – wie die Augenfarbe der Menschen manchmal noch ändert als Kind – aber im Erwachsenenalter bleiben die Einhörner bei einem Speicher von schlicht einer Emotion. EINhorn eben.
** Zitat von Stefan Zweig. Kein Baum-Zitat. Enttäuschend

INTRO:

 x2

Bom, Baum, Bombobom Baum, tree!

Schau mal in den Wald, ja wer ist denn da?

der Baum und Robert, Superstar!

Ihre Abenteuer, sind weltbekannt!

Wir schauen zu, ganz hirnverbrannt.

 x2

Bom, Baum, Bombobom Baum, tree!

PRÄSENTIERT:

EPISODE 13:
DIE WURZEL DES BÖSEN!

Im immerwährenden Kampf gegen das Böse sehen sich unsere Helden, Robert und Baum, immer neuen Gefahren ausgesetzt! Dazu gehören auch die grössten CO_2-Produzenten der Welt. Kühe!
In Kraftfahrzeugen!

«Robert!»

«Was ist los, Baum?»

«Das Umwelttelefon klingelt!»

«Was?»

«Greenpeace ist am Apparat!»

«Schon wieder? Wer verschmutzt dieses Mal die Welt? Amerikaner? Schinesen?»

«Nein, Robert. Viel schlimmer: Es sind Kühe! In Kraftfahrzeugen!»

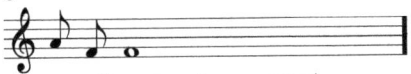

Dun, dun duuuuuuuun!

Im Handumdrehen wird mit dem Umweltminister Kontakt hergestellt und das Nötige besprochen. Die Agenten Baum und Robert erhalten keine Unterstützung.

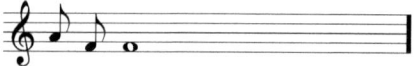

Dun, dun duuuuuuuun!

Ohne die benötigten Hilfsmittel machen sich Robert und Baum in ihrem kleinen VW Käfer* auf, die Welt zu retten. Denn die Bedrohung ist unabwendbar. Die Bedrohung namens: Kühe. In Kraftfahrzeugen!

Die Übeltäter sind schnell gefunden! Wo könnten sich auch autofahrende Kühe verstecken, wenn nicht in den Schweizer Alpen, beim alljährlichen Kühe & Kraftfahrzeugen-Schönheitswettbewerb! Auch der Anführer der Kühe ist anwesend! Der Erzfeind unserer Helden, Taurus McBull!

«Endlich sehen wir uns wieder, McBull!»

«Es ist Zeit, in den sauren Apfel zu beissen!»

«Haha, Baum…»

«Was denn?»

«Du und deine Wortspiele!»

«Robert, konzentrier dich, du scheinst den Wald vor lauter Bäumen nicht mehr zu sehen.»

«In den sauren Apfel beissen? Ich? Bullshit! Ich habe euch bereits erwartet!», sagt der Stier im schönsten Stereo, «Es ist Zeit, meinen Plan in die Tat umzusetzen. Und ihr dürft dabei sein. Aus nächster Nähe!»

«Welchen Plan?»

«HAHAHA! Deine Naivität ehrt dich, Baum. Denkst du, ich sei ein drittklassiger Bösewicht in irgendeinem Slamtext? Ha!»

Mit diesen Worten betätigt McBull einen Hebel und der Boden unter den Füssen unserer Helden öffnet sich. Robert und Baum

---

* Das Rikscha-Unternehmen VW Käfer schlägt seit Jahren seine Konkurrenz in allen Sparten: Schnelligkeit, Komfort und vor allem Umweltfreundlichkeit. Nur von echten Käfern betrieben.

fallen schreiend in die Tiefe, während sie noch das hönische Lachen ihres Erzfeindes hören.

HAHAha

...

WERBEUNTERBRECHUNG!
GLEICH GEHT ES WEITER MIT
«IN GRÜNER EMISSION.»

Bom, Baum, Bombobom Baum, tree!

Was ist hier los, warum geht es nicht weiter?

'Ne Zwischensequenz, ja das ist doch ganz heiter!

Wir wollen Robert, und dann auch Baum!

Beide zusammen, das ist unser Traum!

Bom, Baum, Bombobom Baum, tree!

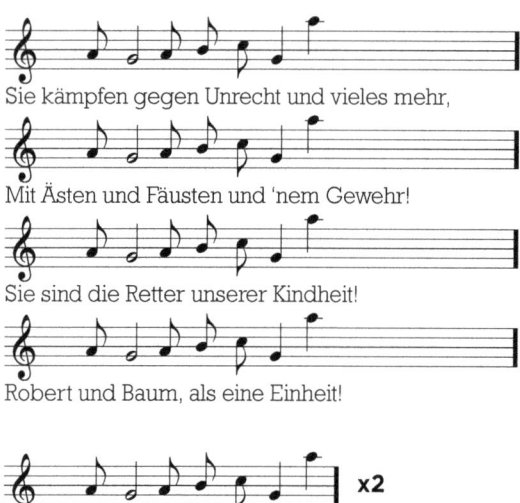

Sie kämpfen gegen Unrecht und vieles mehr,

Mit Ästen und Fäusten und 'nem Gewehr!

Sie sind die Retter unserer Kindheit!

Robert und Baum, als eine Einheit!

x2

Bom, Baum, Bombobom Baum, tree!

F: «Und jetzt noch in Dubstep!»

P: «Was?»

F: «Kinder lieben Dubstep!»

BAUM! PF! BAUM! PF! BABABABA- BAUM!

Während dieser kurzen Unterbrechung ist einiges passiert! Unsere Helden sind nicht nur einem brennenden Haifischbecken voller Piranhas und Superlasern, einer Gaskammer aus dem 2. Weltkrieg und den Mofa fahrenden Schergen ihres Nemesis entkommen, nein! Sie haben es sogar bis zur Kommandozentrale McBulls geschafft!

In einem improvisierten Überraschungsangriff schaffen es Robert und Baum, die Leibwache McBulls ausser Gefecht zu setzen. Wer hätte gedacht, dass Kühe in Kraftfahrzeugen ohne ihre Zündschlüssel absolut nutzlos sind?

«Zeit für die Abrechnung, McBull!»

«Zeit, deinen Plan zu verraten!»

«Ihr habt es weiter geschafft, als ich es vermutet hätte. Meinen Respekt. Doch der Stier hat seine Hörner nicht umsonst!»

Gerade als McBull einen im Weltraum positionierten Superlaser zünden will, um damit die Atmosphäre des Planeten Erde zu zerstören, tritt der einzig wahre Superheld der Welt in Erscheinung: Al Gore!

Gemeinsam, vereint durch die Liebe zur Natur und der Kraft von Al Gores Friedensnobelpreis, gelingt es den drei Helden, McBull in die Flucht zu schlagen und somit die Welt vor den Gefahren der Umweltverschmutzung zu retten!

«Heute mögt ihr gewonnen haben, doch ich komme wieder, keine Frage!*»

«Robert, das war einmal mehr ein harziger Tag.»
«Ach, Baum, du und deine Wortspiele...»
«Ist das das Ende?»
«Nein!»

Denn:

FORTSETZUNG FOLGT!

(auf der rechten Seite)

* Wie Sie sicherlich bemerkt haben, macht McBull von einer Popkultur-Referenz Gebrauch! Richtig! Pink Panthers «Wer hat an der Uhr gedreht?» und ist es wirklich schon so spät? (Sollte es bereits nach 0.00 Uhr sein, bitten wir Sie, schlafen zu gehen, ansonsten lesen Sie einfach weiter.

EPISODE 14:
MAN STIRBT NUR NEUN MAL

Der Donner grollte in der Ferne.

Und hernieder regnende Blitze tauchten die düstere Szenerie in zuckendes, kaltes Licht und lange, schwere Schatten.

Der kleine, abgelegene Privathafen im fernen Nordosten Pangäas wurde von den an die Klippen krachenden Wellen in die Art Lärm getaucht, welche Falco Aquilla besonders gerne mochte. Man konnte schliesslich nicht zu jedem erdenklichen Zeitpunkt gemütlich in eine feindliche Basis schlendern wie gerade jetzt. Trotzdem bedeutete der Weisskopf-Adler Maya, seiner Partnerin, mit einer Kralle vor dem Schnabel, ruhig zu sein, als sie über den morschen Steg die rostige Hintertür der heruntergekommenen Lagerhalle erreichen. Falco legte die Hand abwartend auf die Türklinke und lauschte angestrengt.

Ein paar gedämpfte Stimmen drangen durch das dicke Metall. Vier oder fünf. Der Standort wurde tatsächlich, wie es von oci nem Informanten geheissen hatte, eher spärlich bewacht. Also keine wirkliche Herausforderung.

Er nickte seiner Partnerin stumm zu, welche kampfbereit ihre Waffe hob. Mit einem Ruck zog Aquilla die schwere Tür auf und zusammen stürzten sie sich in den finsteren Raum.

Empfangen wurden sie jedoch nicht etwa von einer Meute gewaltbereiter Handlanger oder einer Gruppe elitärer Söldner, Bodyguards oder sonst was, sondern von einer einzigen katzenartigen Gestalt.

Die dumpfen Stimmen, welche Aquilla zuvor vernommen hatte, entpuppten sich als Moderatoren eines Radioprogramms, welchem die ältere Katzenlady der Abstammung Siam im düsteren Raum ihre Aufmerksamkeit schenkte.

«Felicia di Gatto, Meisterspionin und Mitglied der Verbrecherorganisation Liga!», liess der Agent verlauten, während er langsam die Waffe hob, «Wir sind hier, um dich in die Hände der Gerechtigkeit zu überführen!»

Sie öffnete ihre grossen, grünen Augen, blickte müde auf und lächelte belustigt. «Komisch, ich dachte das Bureau würde jemand Kompetenten wie Green schicken.» Sie musterte ihre Gegenüber abschätzig von oben bis unten. «Nicht irgendwelche unbekannte Grünschnäbel.»

«Der Name ist Falco Aquilla», brummte der Agent beleidigt und legte der Liga-Spionin straff die Handschellen an. «Die werte Meisterspionin muss ganz schön eingerostet sein, wenn sie den anderen grossen Namen der Gerechtigkeit nicht kennt.»

Maya lachte höhnisch.

«Falco Aquilla?», murmelte Di Gatto abwesend, während Falco sie abführte, schüttelte dann aber süffisant lächelnd den Kopf. «Viel zu kompliziert.»

«Die Infos von van der Pooh waren korrekt», murmelte Falco, als sein alternder Rivale zu ihm trat. Er wies nickend auf den Bildschirm der Überwachungskamera von Di Gattos Zelle.

Robert konnte weder Stolz noch Freude im Blick seines jungen Kollegen feststellen, nur Ärger. Ärger darüber, dass ihn eine wichtige Feindin der Organisation nicht als ebenbürtigen Gegner anerkannte. So in etwa hatten es Robert und Baum von Direktor O'Canine berichtet bekommen.

Nun. Zwar war seine letzte Mission nicht gerade von Erfolg gekrönt gewesen, doch davon musste Aquilla nichts wissen.

«Das ist Felicia di Gatto?», fragte da plötzlich Baum, «Mann, ihr seid gut! McBull ist uns leider durch die Lappen gegangen.»

Falco und Maya blickten überrascht auf und die Mienen beider hellten sich erfreut auf. Boshaft erfreut.

«Ah ja?», erkundigte sich Falco feixend.

Robert seufzte schwer.

«Hallo Baum», flüsterte Maya schüchtern, doch der hörte sie nicht.

Falco grinste weiter und Robert ignorierte alles ziemlich auffällig.

«Dass uns Taurus McBull entwischt ist, ist eine Tragödie», ertönte es plötzlich von der Tür her und die versammelte Mannschaft blickt in das strenge Gesicht des Bureau-Direktors. Er deutete auf die Projektion Di Gattos. «Jedoch haben wir hier eine andere Chance, an den Primaten, den Gründer der Liga heranzukommen. Also, Männer!», knurrte er und bemerkte dann die Wespen-Dame Maya, «und Frauen natürlich – an die Arbeit!»

«Wissen Sie, die Liga war einst ein idealistischer Orden», plauderte die Siam-Katze aus dem Nähkästchen, während sie abwesend über ihre vielfältigen Tattoos strich. «Wir waren zwar eh und je die infernalen, grausamen Anarchisten, jedoch war das ein dummer Name für eine Bande junger, halbverhungerter Rowdies.»

«Sie, Scorpio und der Primat», unterbrach sie Aquilla, während er seelenruhig in einer Akte herumblätterte. Er machte sich nicht einmal die Mühe, aufzublicken.

Felicia di Gatto knirschte hörbar genervt mit den Zähnen. «Green! O'Canine! Warum habt ihr diesen Grünschnabel hier reingelassen? Will vielleicht der junge Herr Bureau-Agent gleich alle

Informationen und Geheimnisse auf dem Tisch ausbreiten, damit ihr mich in die dunkelste und stillste Zelle dieses verdammten Kontinenten stecken könnt?»

Der Direktor warf Falco einen scharfen Blick zu, wandte sich aber gleich wieder der Verhörten zu. «Warum waren bei dir keine Wachen, Felicia?»

«Du willst wissen, weshalb ihr mich so einfach habt gefangen nehmen können?», brummte das Mitglied der Liga sarkastisch und blickt in die bunte Runde. «Wie schon gesagt, die Liga war einst ein idealistischer Haufen. Lauter Leute, die wegen beider Seiten des Krieges alles verloren hatten. Ahab, der Jäger, hatte seinen Meister verloren. Mantikor, der Berserker, seinen Verstand. Taurus McBull seine Heimat, so wie ich und Scorpio. Der Neuling van der Pooh war nur des Profits wegen dabei. Doomsday erhielt endlich Anerkennung und Mittel. Und im Zentrum von all diesen Leuten steht der Primat.» Sie erschauderte.

«War er nicht jahrelang dein Geliebter?» Es war Robert, der diese Frage stellte. Er stand in der Ecke des Raumes und blickte abwesend gegen die Decke.

«Geliebter? Ich habe ihn sicherlich geliebt, doch ob er auch nur noch einen Funken Emotion in sich übrig hat, weiss ich nicht.»

«Hat?»

«Er war einst voller Enthusiasmus. Doch je länger ich in seiner Gegenwart verbrachte, desto mehr schien er vom Wahnsinn zerfressen zu werden. Versteht mich nicht falsch. Ein bisschen Wahnsinn ist bei uns absolut normal. Ja, sogar etwas sexy!» Sie leckte sich die Lippen. «Aber das Ausmass, das sein Wahn angenommen hat, ist monströs. Beängstigend!»

Sie stockte.

«Sind Sie etwa hier, um Asyl zu beantragen?»

Aquilla und Robert horchten verdutzt auf. O'Canine hatte das Wort ergriffen.

Di Gatto lächelte leicht: «Ehrlich gesagt, ist es mir scheissegal, ob ihr mir eine Villa und ein leeres Strafregister schenken wollt oder ob ihr mich ins tiefste Verliess im tiefsten Loch stopft. Ihr könntet mich einbetonieren und ich wäre zufrieden. Solange ich überlebe.»

«Überlebe?», hauchte Robert und trat näher. «Was könnte jemanden wie dich, eine Terroristin, eine Massenmörderin ohnegleichen, derart in Angst versetzen?»

Baum spitzte neugierig die Ohren. Hatte er doch ganze Städte und Dörfer gesehen, zerstört oder verlassen durch die Machenschaften der Liga. Was konnte so grauenhaft sein?

Furcht hatte sich in den Blick der Siam-Katze gesellt. Schweiss stand auf ihrer Stirn. «Die Umwelt zu zerstören, Kriege zu beginnen, ganze Landstriche zu verwüsten oder einfach zu versuchen, diesen Kontinent, diese Welt zu terrorisieren, das sind Dinge, mit denen ich problemlos klarkomme. Das betrifft mich nicht. Klar, ich verliere ab und zu ein paar Kumpanen, ein paar Besitztümer, aber ich lebe.» Sie schluckte schwer. «Hauptsache, ich lebe», flüsterte sie.

«Was willst du von uns?», fragte Robert knurrend, «Was ist es, was der Primat plant?»

Felicia di Gatto lehnte sich langsam zurück, fixierte mit ihren grossen, grünen Augen Robert und Baum. «Das ihr mich so einfach gefunden habt, ist kein Zufall. Ich bin nicht hier für Schutz oder Asyl. Ich bin hier, weil ihr die Einzigen seid, die den Primaten jetzt noch aufhalten können. Denn er versucht dieses Mal nicht nur Neu Gross-Pangäa zu vernichten, sondern das gesamte Universum!»

EPISODE 15:
DIE UMWELT IST NICHT GENUG

Von einer sicheren Quelle vor den grausamen Machenschaften des Primaten gewarnt, machen sich unsere Helden Robert und Baum auf, den Anführer der teuflischen L.I.G.A zu stoppen.
Mit einem gewagten Plan gelingt es den beiden, in das Hauptquartier des Bösen innerhalb eines aktiven Vulkans einzudringen und sich vor den Augen des Feindes vorerst zu verstecken. Doch es ist ruhig, zu ruhig.

«Alles klar bei euch da unten?» Falco Aquilla, Roberts ewiger Rivale, meldete sich per Funkverbindung zu Wort.
Robert hätte in jeder anderen Situation einen bissigen Kommentar von sich gegeben, doch die Hitze der flüssigen Lava unter ihnen setzte ihm gewaltig zu. Ausserdem: Mit der Existenz des Universums auf Messers Schneide war eine giftige Bemerkung nichts, was ihm im Entferntesten einfallen würde.
Stattdessen gab Baum für ihn Antwort: «Soweit alles klar. Wir sind drin.»
Nun. Sie waren sicherlich innerhalb des Vulkans, ja, doch das Herz der Basis lag noch vor ihnen: Eine an steilen Klippen hängende Villa aus Chromstahl und Technologie. Und der einzige Weg hinein war ein schmaler, abschüssiger Pfad über einer bedrohlich kochenden Suppe aus flüssiger Lava.
«Hast du Höhenangst, Baum?»
«Nicht, dass ich wüsste.»
«Dann finden wir es heraus!»

Der Pfad gestaltete sich schwieriger als erwartet, was aber daran lag, dass Robert selbst feststellen musste, dass er alles andere als schwindelfrei war. Doch die beiden schafften es ohne weitere Probleme hinüber und auch das versiegelte Tor der Basis entpuppte sich als mühselig, doch lösbar.

Erst, was dahinter lag, liess Robert leer schlucken.

«Herzlich willkommen. Robert. Baum.» Die Stimme der Gestalt vor ihnen war eisig kalt, dumpf und verzerrt, gelbe Augen mit geschlitzten Pupillen blickten aus der Finsternis einer weiten Hutkrempe hervor. Etwas klackerte irritierend und ihr Empfänger entblösste seine schweren Skorpion-Scheren und seinen giftigen Schwanz.

«Ist das…?», fragte Baum flüsternd, doch Robert schnitt ihm das Wort ab.

«Scorpio!», knurrte er.

«Es freut mich, dich wiederzusehen, Green», meinte der Skorpion in monotonem Tonfall.

Baum hob kampfbereit die Fäuste, doch Robert hob mahnend die Hand. «Dafür haben wir keine Zeit! Geh! Und gebiete diesem wahnsinnigen Affen Einhalt!» Robert griff unter seinen Mantel und holte langsam seine Peitsche hervor. «Der hier gehört mir!»

Baum wollte noch widersprechen, doch Robert warf ihm einen scharfen Blick zu. Der junge Agent nickte nur und stolperte an Scorpio vorbei in Richtung Showdown.

Die Nummer 2 der Liga liess das Grüngewächs wortlos vorbei. «Ihr solltet Baum nicht unterschätzen, weisst du?» Robert liess die Peitsche demonstrativ auf den Boden knallen. «Und mich erst recht nicht!»

Der Attentäter trat ins Licht und entblösste sein entstelltes, von Narben überwuchertes Gesicht. Mit einer Schere strich er über das Beatmungsgerät, welches seinen Kiefer und seine Stimmbänder ersetzte. «Glaub mir, ich unterschätze dich nicht. Und der Primat unterschätzt sicherlich deinen kleinen Partner nicht, haben sie doch mehr gemeinsam, als es auf den ersten Blick erscheint.» Er klackerte nervös mit den Scheren. «Aber genug der netten Worte! Es ist Zeit, dass du dafür bezahlst, was du mir angetan hast!»

Der alternde Agent schnaubte amüsiert. «Auch ich habe einiges, wofür du büssen sollst.» Er griff sich an den Bauch, wo Scorpio damals wegen Van der Pooh eine Kugel in ihm versenkt hatte. Er betastete seine Augenklappe.

Scorpio lachte und hob einladend seine Scheren. «Dann komm, Robert Green! Lass uns Schulden begleichen und den Tod begrüssen!»

Dann stürzten sie aufeinander zu!

«Ah, ja, ja, ja, wenn das nicht der junge Agent Baum ist!»

Kaum hatte der Sprössling die grosse Halle betreten, war schon das gackernde Gelächter des Primaten durch den Raum gehallt. Und wo eine Stimme war, war meist ein Gesicht dazu.

Die Gestalt, die sich vor Baum aus dem Schatten löste und ihn brutal am Kragen packte, war ein gewaltiger Hüne eines Gorillas. Sein Gesicht schmückte ein breites Grinsen voller spitzer, gelblicher Zähne.

«Ah, Baum, Baum, Baum!», gluckste der Primat breit grinsend und mit jedem Wort schlug seinem Gegenüber ein grauenhafter Gestank entgegen. «Es freut mich, endlich, ja endlich deine Bekanntschaft zu machen. Ich habe ja so viel gehört! Aus den Me-Me-Medien, bei unsern ach so wichtigen Versammlungen des wissenschaftlichen Sportvereins L.I.G.A! Du hast Ahab, den Jäger, zu Beginn dieses Buches ausgeschaltet, nicht?»

Welches Buch?, dachte Baum verwirrt, doch wagte er es nicht, etwas zu sagen.

«Du hast meinen Agenten mit dem Plutonium gestoppt! Du hast van der Pooh das Handwerk gelegt! Zweimahahahaha! Und du trägst am Versagen McBulls und seines Cousins Schuld.» Der Primat lachte manisch und schleuderte den Bureau-Agenten an die nächste Wand. Baum prallte schwer dagegen und keuchte schmerzend nach Luft. «Nun, ich will ehrlich sein, Junge. Ich hätte Robert Green ebenso gerne empfangen und getötet. Doch Scorpio bestand darauf. Naaaa ja! Ich will der guten alten Rache ja nicht im Wege stehen, nicht wahr? Dann müssen wir uns halt miteinander begnügen.» Er gackerte laut. «Aber ich möchte ja meinem Bruder nicht vor den Kopf stossen!»

«Bruder? Robert ist dein Bruder?»

Der Bösewicht lachte überrascht auf. «Papa hat mir gesagt, dass du etwas begriffsstutzig bist.»

«Scorpio ist dein Bruder?»

Der grosse Affe hob den Finger und wollte etwas sagen, liess es dann aber lächelnd bleiben. «Egal, egal, egal. Back to Business. Wo waren wir?»

«Du hattest mich gerade gegen die Wand geworfen. »

«Ah ja! Ah ja. Ich wollte dich umbringen, ABER keine Angst, die Welt, Quatsch, das ganze Universum wird sich dir bald anschliessen!»

Bei diesen Worten fiel auch Baum wieder ein, wieso er hier war. Scorpio und Robert wirbelten umeinander herum, umtanzten sich, griffen an, wehrten ab. Wo sich eine Lücke auftat, stiess Robert zu, wo er nur kurz die Aufmerksamkeit verlor, ging der Auftragskiller zum Angriff über.

Für das ungeübte Auge mochte es so aussehen, als würden sich zwei Schatten umtanzen, als würde der Wind um sich herumwirbeln, ein Tornado aus Schlägen, Tritten, Peitschenhieben. Sie mussten nicht miteinander sprechen, mussten nicht kommunizieren. Dies war ein Duell auf Leben und Tod.

Einer würde überleben.

Der andere würde sterben.

Im Angesicht des kosmischen Storches tanzten sie. Und dann fielen sie wieder übereinander her.

Die gewaltige Pranke des Primaten hatte sich eng um die Kehle des jungen Agenten gelegt.

«Noch einen letzten Wunsch, Baum?», hauchte er seinem Kontrahenten diabolisch ins Ohr.

Baum überlegte kurz. «Na ja, wenn du mir noch verraten könntest, wie du das gesamte Universum vernichten willst, wäre das doch sehr nett.»

Der Schurke hielt inne. «Eigentlich sollte ich es dir nicht verraten. Superschurken-Klischee, du weisst schon.»

«Letzter Wunsch?», argumentierte Baum schwach.

Für einen Moment hielt der Affe inne. Jeglicher Wahnsinn war aus seinem gedankenverlorenen Blick gewichen. Bevor er seinen Griff um Baums Hals lockerte, zuckte er resigniert mit den Schultern. «Wenn du schon mal da bist», brummte er, blickte den Agenten an und grinste breit, «und es bleibt ja in der Familie.»

Baum verstand nicht, doch der Primat hatte sich längst damit abgefunden, dass er nicht zu seinem jüngeren Bruder durchdringen konnte. Jedoch verstand er nicht, was ihr Erschaffer von diesem Experiment hatte.

Aber egal, es war ja Zeit, das Universum zu vernichten.

«Nun denn, nun denn, wo soll ich beginnen? Wie soll ich dir das am besten erklären? Wie mach ich dir diese wunderbare Wissenschaft begreiflich.» Er seufzte. «Irgendeine Ahnung von der Multiversum-Theorie?»

«Parallele Universen? Quantenmechanik?»

Der Primat reagierte überrascht. «Äh genau.» Er runzelte die Stirn, doch begann zugleich wieder damit, breit zu grinsen. «Da du ja die Grundlagen zu kennen scheinst, kann ich mich ja kurz fassen: Ich lasse unser Universum mit einem anderen kollidieren.»

«Wie kannst du zwei Universen miteinander kollidieren lassen, wenn es physikalisch unmöglich ist, dass sie sich in derselben Dimension, geschweige dann im selben Raum befinden?» Die Frage schien eine gewisse Wirkung auf den Bösewicht zu haben, denn er hielt erneut inne.

Langsam aber sicher ging ihm der junge Agent auf den Sack. Robert hätte keine solchen Fragen gestellt, Robert wäre sofort zur Sache gekommen. Der Primat grunzte schwer, als er den Baum erneut packte und ihn gegen die nächste

Wand rammte. «Ah, nanana, Baum! Bring mich nicht aus dem Rhythmus!» Der Affe bleckte wütend die Zähne. Seine Stimme wurde zu einem lauten Brüllen. «Willst du es wissen, Baum? Willst du es wirklich wissen?» Er lachte manisch. «Nun denn! NUN DENN!» Der Primat schnippte dramatisch und der Boden des Raumes öffnete sich und offenbarte einen tiefen Abgrund, an dessen Ende flüssiges Lava brodelte. «DARF ICH VORSTELLEN? Der Reaktor der Vernichtung!»

Eine unglaubliche Hitze schlug Baum entgegen.

«DARF ICH WEITERHIN PRÄSENTIEREN?», schrie der Schurke und schnippte erneut, während sich seine Hand um Baums Kehle immer weiter schloss.

Die Decke öffnete sich nun und eine kopfgrosse Apparatur fuhr herunter. Ein Countdown startete.

«Eine Bombe?»

«Du hast sicherlich recht, dass etwas explodiert. Doch es ist kein Feuer, auch keine kinetische Kraft, nein. Was da explodiert, was da nach draussen will, ist ein frisches, neues Universum! Und der dabei entstehende Ereignishorizont wird dieses verschrobene Universum verschlingen!»

Mit diesen Worten rammte Baum dem Bösewicht die Faust in den Arm, löste dessen Pranke von seinem Hals und liess einen Hagel aus Hieben auf ihn niedergehen. Sein Kontrahent wich keuchend zurück und machte sich bereit, den Angriffen entgegenzuwirken.

Erneut versenkte sich die Giftnadel des Attentäters im Fleisch des Helden.

Scorpio lachte mechanisch und schnippte mit den Scheren.

Robert keuchte. Das Alter hatte ihn eingeholt. Er rang um Atem. Schweiss stand auf seiner Stirn. Blut rauschte in seinen Ohren, sein Herz pochte ohrenbetäubend laut, Blut lief ihm aus dem Mundwinkel. Sein ganzer Körper brannte und er stöhnte vor Schmerz. Nach einem langen Kampf war es beiden Parteien an einem Punkt geglückt, Treffer zu versenken, doch Scorpio hatte ihm nicht nur Verletzungen zugefügt, er hatte ihn auch vergiftet.

Trotzdem. An Kapitulation war nicht zu denken.

Wo war Baum? Er musste zu ihm. Sie mussten die Welt retten!

Mit dem letzten Funken Kraft liess Robert seine Peitsche nach vorne fahren.

Was als ebenbürtiges Duell begonnen hatte, war schnell in einen einseitigen Kampf ausgeartet. Der Primat schleuderte Baum von einem Ende des Raumes zum anderen, deckte sein Gesicht mit Schlägen ein, lachte und lachte und lachte.

Und der Countdown näherte sich seinem Ende.

«Du hast versagt, Baum! Die letzte Hoffnung des Universums und du hast versagt!» Der psychotische Affe nahm Baum beim Kragen und schleifte ihn zum Rande des Abgrunds. «Es ist Zeit für dich, dem koomischen Storch entgegenzutreten. Sag ihm schöne Grüsse. Ich habe ihm viel Arbeit beschert!» Der Primat gackerte wahnsinnig und betrachtete sein Werk. Seine Bombe. Seinen Countdown. Sein Werkzeug der Vernichtung. Der Erschaffer konnte stolz auf ihn sein.

Sein Blick wanderte zum jungen Agenten. «Wo waren wir?»

«Du», flüsterte eine schwache Stimme hinter ihnen, «wolltest gerade schreiend in die Tiefe fallen!» Mit diesen Worten stiess Robert seinen Erzfeind an der Klippe des Abgrundes an, wobei dieser überrascht mit den Armen rudernd, das Gleichgewicht verlor.

Langsam lösten sich die Füsse des Primaten und er kippte ungläubig über die Kante. «Du?», hauchte er noch, bevor er schreiend in die Tiefe stürzte.

Robert sackte in sich zusammen. Das war es also. Sein Leben.

«Robert! Geht es dir gut?»

Baum stürzte sich zu ihm, doch Robert hob zitternd die Hand.

«Die Bombe, Baum. Vernichte sie.»

Baum hielt inne. Wollte nicht von seiner Seite weichen. «Was, wenn sie dabei detoniert?»

«Es ist die letzte Chance. Sonst gehen so oder so alle drauf.» Robert konnte spüren, wie sein Atem flacher wurde, seine Stimme leiser. Er spürte das Gift. Er spürte die Kälte.

Baum hielt immer noch inne.

«Baum.»

«Ja, Robert?»

«Zeig einem alten Freund, aus welchem Holz du geschnitzt bist.» Er wies in Richtung Bombe.

Baum nickte entschlossen und wandte sich ab. Er trat an den Abgrund und konzentrierte sich. Wachstum. Er musste wachsen!

Er hob seine Arme und sie verlängerten sich, wuchsen, genährt von einem unbeugsamen Willen, gestützt von blindem Vertrauen. Seine Finger schlossen sich um die Apparatur, dicke Lianen schossen aus seiner Baumkrone, legten sich um die Bombe, eine um die andere.

Er würde es Robert zeigen.

Das Holz, aus dem er geschnitzt war.

Mit einem Ruck riss er die Bombe aus der kreischenden Halterung und spielte kurz mit dem Gedanken, sie an Ort und Stelle zu zertrümmern, liess sie dann jedoch achtlos in die brodelnde Lava fallen.

Etwas zischte.

Dann war es vorbei.

Baum drehte sich lächelnd um. «Hast du gesehen, Robert?»

Doch Robert reagierte nicht mehr.

EPILOG

In einer Welt, in der Leben vom grossen Storch gegeben wird, wird es auch vom grossen Storch genommen.

So verwunderte es Robert wenig, als er einer langen, dürren Gestalt gegenübertrat. Sie war gekleidet in Schwarz, trug eine Sense in der Hand und unter der tiefen Kapuze blickte ein ausdrucksloser Storchenschädel hervor.

«HALLO ROBERT», begrüsste der Tod, «BIST DU BEREIT?»

Robert nickte.

«IRGENDWELCHE BEDENKEN?»

Bedenken? Robert Green dachte an Baum. Dann schüttelte er langsam den Kopf. «Kein Grund zur Sorge. Die Welt ist in guten Händen.»

Und dann tat er etwas, was er zeitlebens niemals getan hatte.

Er lächelte.

ENDE

SCHALTEN SIE DAS NÄCHSTE MAL WIEDER EIN, WENN ES WIEDER HEISST:

NEUE EPISODEN VON *IN GRÜNER EMISSION.*

1. Auflage
© 2014, Slam-Team Pink im Park
mit Rechtschreibfehlern in künstlerischem Rahmen

Idee und Konzept: Fabian Engeler und Pierre Lippuner
Gestaltung, Illustration, Satz: Pierre Lippuner
Texte: Fabian Engeler und Pierre Lippuner,
Nicole Knöpfli, Sarah Lippuner, Stefan Weisskopf
Lektorat: Fabian Engeler und Nicole Knöpfli

Herstellung und Verlag:
BoD – Books on Demand, Norderstedt
ISBN 978-3-7357-4224-7